Alberto Camarero e Alberto de Oliveira

DIVINA VALÉRIA

Dados Internacionais de Catalogação na Publicação - CIP

C172 Camarero, Alberto; Oliveira, Alberto
Divina Valéria / Alberto Camarero e Alberto de Oliveira. Prefácios de Aninha Franco e Fernando Noy. - São Paulo: Editora Campos, 2021. (Selo Desacato).
176 p.; Il.

ISBN 978-65-86691-61-0

1. Arte. 2. Teatro. 3. Performance. 4. Corpo. 5. Transformismo. 6. Transformistas Brasileiras. 7. Vedetes Brasileiras. 8. Artista Travesti. 9. Biografia de Divina Valéria. 10. História de Vida. 11. História do Transformismo Masculino Brasileiro. 12. História Social do Brasil. 13. Relações de Gênero. I. Título. II. Camarero, Alberto. III. Oliveira, Alberto. IV. Franco, Aninha. V. Noy, Fernando. VII. Gonzalez, Valter Fernandez (1944).

CDU 79   **CDD 791**

Catalogação elaborada por Regina Simão Paulino - CRB 6/1154

Capa e projeto gráfico: **Alberto Camarero**
Foto da Capa: **Fundo Correio da Manhã, Arquivo Nacional**
Ilustração da Contracapa: **Leonardo Troiano**
Diagramação: **Alberto Camarero**
Revisão: **Alberto de Oliveira**

alberto1992oliveira@gmail.com

Os autores deste livro o dedicam ao pesquisador Cezar Sepúlveda, valoroso guardião da memória de Valéric e de tantos artistas brasileiros.
Grande parte das fotografias que integram esta obra são de seu precioso acervo e foram gentilmente cedidas por ele.
Obrigado, amigo, pela valiosa contribuição ao nosso trabalho!

A Divina Valéria

por Aninha Franco
escritora

Ainda não li o livro que os Albertos escreveram sobre a Divina Valéria. Lerei em breve, com enorme curiosidade, mesmo conhecendo muito de seu conteúdo desde os longínquos e animados anos 2000, quando ela, a musa do Bloco do Jacu, apareceu no Theatro XVIII e me disse: "Preciso de um texto!".
Explicando aos não baianos que a Divina Valéria foi musa do Bloco do Jacu, um dos mais ousados do Carnaval Baiano dos anos 1970, e desfilava no Bloco com Luiz Jasmin, em figurino de Ney Galvão, e temas como "Há Jacu no Pau", que muitas vezes levaram os organizadores do Bloco à prisão. O Carnaval Criativo da Bahia foi assim!
Quando a Divina me deu a honra de querer um texto, iniciamos nossa Amizade, e eu iniciei minha Amizade com as outras Divas que chegavam no Theatro XVIII sem parar, de muitos lugares, para assistir Ema, todas vindas de um só lugar: a cumplicidade.
Conheci esses maravilhosos seres quando li sobre a Grécia Antiga. E, pessoalmente, no século XX, quando me tornei amiga de Danielle/Walter Grimm, nos anos 1970, para quem também fiz um texto, e com quem aprendi muito sobre resistência, coragem, gênero, sexualidade e Brasil. Aprendi com Danielle, por exemplo, sobre o desejo dos machos de serem possuídos por pênis de mulheres.
Com a Divina e as outras Divas prossegui aprendendo sobre Coragem, Persistência, Resistência, Humanidade e Talento. Tenho na memória o relato de uma delas sendo acordada por militares para fazer a maquiagem de Yolanda Costa e Silva na presidência do general. E jamais esquecerei de uma conversa que escutei entre Zé Celso Martinez e a Divina Valéria no La Lupa original, depois de uma sessão de "Ema Toma Blues", sobre a vida artística brasileira. Foi a humanização de centenas de mitos.
Desconfio que ficará claro neste livro que, com esses seres maravilhosos, é possível aprender que ser Mulher é muito Forte. Que ser Homem é muito Forte. Mas que ser Mulher e Homem dentro de um mesmo corpo é a Força.

Una Valeria es una Valeria es una Valeria

por Fernando Noy
escritor

A mediados de los años 60, ya sabía de Valeria por los comentarios elogiosos de otras amigas uruguayas - entre ellas, nada más y nada menos que - ambas diosas de su Carnaval - Marta Gularte y Rosaluna.
Aproximadamente en los años 70, Buddy Day, empresario que hoy es un icono, propietario en Buenos Aires del gran Teatro Liceo y en Chile del Bim Bam Bum, que ya no existe y fuera uno de los primeros templos de la revista musical y el naciente glamour del Varieté en ese país.
Para actuar en ambos espacios, Buddy había contratado estrellas maravillosas como Edith Piaf, Marlene Dietrich, Lola Flores, Josephine Baker, Coccinelle y Miguel de Molina, entre tantas estrellas que podíamos volver a contemplar en su coqueto despacho sobre una especie de muro tapizado con fotos prolijamente enmarcadas brindando en respectivos estrenos.
De pronto, Buddy colocó su dedo sobre un marco donde se lo veía abrazado a esa mujer de intensa belleza y porte majestuoso. Mencionó su nombre con gran admiración. Ah, es una famosa bailarina trans del Carnaval uruguayo, comenté.
No sólo bailarina, de inmediato aclaró él. En realidad, una cantora excepcional, tendrías que ir a verla porque se está presentando en tal lugar.
De inmediato, como justo era casi la hora, en un taxi partí rumbo al mismo, pero luego de llegar me informaron que lamentablemente Divina Valeria ya había partido de regreso a Montevideo.
Dos semanas después, acompañando a Ginamaría Hidalgo, otra diosa del canto, nos fuimos rumbo al Teatro Embassy, donde debutaba un compositor brasilero - para mi aún desconocido - llamado Vinicius de Moraes, nada más y nada menos.
Fue solo verlo y, de inmediato, alterar mi destino porque hasta ese instante, ante tanta represión policial en mi país, planeaba pronto huir rumbo a París; pero decidí cambiar de rumbo y volar hacia Bahía, verdadera Tierra de la Felicidad.

Allí, en pleno Carnaval, mi reciente amiga Luz da Serra, integrante del Bloco do Jacú, también me apuntó a aquella diva que bailaba frenética y hechizantemente al son de la música de sus tamboriles. Era Divina Valeria, realmente fascinante, aunque en el vértigo delirante de esas inolvidables noches del Carnaval tropicalista, nos perdimos atrás del trío eléctrico.

El tan querido actor Eduardo Cabús también me hablaba de ella, ya que había debutado en el pionero Teatro Gamboa, dirigido por él.

Vivi casi diez años consecutivos en Salvador. Muchas veces, realizaba cortos viajes a Rio de Janeiro invitado por Klauss y Angel Vianna, maestros de la danza.

De noche, por supuesto, corría hacia la Galería Alaska, donde al fin, por primera vez, la escuché y quedé conmocionado para siempre, por algo escribo estas palabras.

Aunque recién nos habíamos hecho amigos, cuando ya estaba en Buenos Aires, Mercedes Sosa me comentara que iba a llegar desde el Aeropuerto directamente a su casa una gran cantora trans. Mercedes, en 1984, estaba grabando con Charly García, León Gieco, Fito Páez, mezclando el rock con el folclore. Todos presentes, y muchos otros en esa noche de su cumpleaños en que Divina apareciera al fin.

Desde ese momento, como en un reencuentro de otras vidas, por Buenos Aires anduvimos casi siempre juntos.

Yo vivía a pocos metros de plena calle Corrientes, y la invitaba a pasar días conmigo - hasta que el gran Cacho Cristofani, célebre productor de Revistas Musicales, la invitó a ser una de las cabezas de la Compañía como la Estrella Musical de su nuevo espectáculo producido en el Teatro Arte.

La crítica, y todos los integrantes de nuestra cultura recientemente renovada por el arribo de la democracia, se fascinaron con ella.

Divina Valeria comenzó a presentarse sucesivamente en diversos espacios del "under" pero también del "over".

Ella ya convocaba a su propio público con sólo anunciarla desde Teleny, Palladium, Rivas Café Teatro, a tantos innumerables espacios - imposibles de contar.

Hasta que el popular e incomparable Antonio Gasalla, quien siempre la venerara, decidió montar un show muy especial en Lelé de Troya, titulado justamente como lo que ella es en verdad: "Una artista del mundo", e inaugurado con un gran banquete de gala, donde estaban presentes infinidad de estrellas especialmente invitadas, como Graciela Borges, Fátima Florez, Flavio Mendoza, entre otros.

El espaldarazo fue sensacional. Estuvo presente toda la prensa especializada - y los críticos elogiaron su unipersonal, en cual ella contaba anécdotas y cantaba un repertorio incandescente, acompañada por el gran pianista Gerardo Spano.

En ese mismo espacio, siempre abarrotado, cierta noche Divina me presentó a una actriz brasilera, por mi aún desconocida, la preciosa Leandra Leal, que había viajado especialmente a Buenos Aires para registrar su participación dentro del film "Divinas Divas", documental que obtuviera gran suceso internacional y que, además de ser multipremiado, también fue pionero en mostrar el universo de placer y lucha con esas grandes figuras que lo protagonizan, quienes, incluso sin saberlo, iniciaron una gran transformación y militancia artística, precursoras del Movimiento de Liberación LGTB, hasta la fecha. Rogéria, Jane Di Castro, Camille K, Marquesa, Fujika De Halliday, Eloína, Brigitte de Búzios y... Valeria!

Antes de volver a viajar, ya que Valeria es una eterna golondrina cantora, fuimos a celebrar su partida en Morocco Internacional, junto a nuestra gran poeta y trovadora Maria Elena Walsh, absolutamente fascinada por ella.

Siguieron sus presentaciones en otras salas de la diversidad hasta las últimas que fueron realizadas en la mítica Librería Concert Clásica y Moderna, antes de su regreso a Europa.

Después recibí tarjetas postales suyas de diversas partes del mundo, y ahora realmente me alegra muchísimo que una excepcional creadora tan llena de duendes y magia, además de cantar como sólo ella lo hace, se destaque en candentes roles de actriz y al mismo tiempo finalmente escriba, por intermedio de ambos autores, su tan esperada biografía, que incluso tengo la dicha de prologar.

Como afirmara, sintetizando en poesía, Gertrude Stein, "una rosa es una rosa es una rosa", ahora puedo parodiar: "Una Valeria es una Valeria es una Valeria", además de realmente Divina. Y así, habitando su nombre con luz tan propia, quien logre verla en escena jamás podría dejar de aplaudirla.

¡A disfrutarla, entonces!

Paris, 1970

Os aplausos da plateia tomam conta daquele lugar nem tão grande.
São dirigidos à vedete que, ainda no palco, agradece num gestual treinado, levemente exagerado, que a situação e o local sugerem.

Na coxia, esperando a sua entrada, a próxima atração faz uma checagem rápida de si – afinal, foram mais de duas horas de preparo intenso para montar essa quase entidade, sua persona artística.
Seca com as luvas de cetim as gotículas de suor debaixo do nariz, espera a introdução musical, respira fundo e, num passo decidido, irrompe a cena iluminada.

A plateia lotada, formada por casais e pequenos grupos, seria heterogênea não fosse o objetivo maior de todos ali: se surpreender e buscar em cada artista no palco algo que denuncie seu sexo biológico, ali transmutado no oposto.

Um desfilar de vedetes sensuais, algumas com corpos esculturais à mostra, outras cobertas com trajes luxuosíssimos, peles e plumas, todas portadoras de uma feminilidade idealizada, muitas vezes trabalhada a duras penas para aquele momento de glória.

Os aplausos, muitos, chegam como reconhecimento de que aquilo tudo valeu a pena, mais ainda se tratando daquela casa icônica da noite parisiense – o Carrousel de Paris, templo maior do travestismo internacional e inter-racial, que há anos atrai multidões de curtidores da noite e turistas em busca de diversão na Cidade Luz.
Paris não só dita a moda, a gastronomia e o pensamento existencialista, mas também uma vida noturna ousada e abusada.

As luzes, como sempre, quase cegam a artista em cena, mas a performance com ares de incorporação segue até o fim e, mais uma vez, o público responde àquela cena aplaudindo freneticamente a atração.

Um ritual pagão que se repete todas as noites, movido a música, luxúria, bebidas e muitos, mas muitos brilhos.

A fumaça dos cigarros misturada aos aromas pessoais reforçam a atmosfera e não turva a visão dos espectadores, agora atônitos com todo o esplendor da cena.

Uma verdadeira celebração da tão falada "joie de vivre" de uma Paris que se rende aos novos tempos que chegam oficializando a liberdade sexual e a diversidade em todas as suas variantes.

Fecha o pano.

Nasce um menino:
O último filho de Manuel Fernandez Gonzalez

Quando o menino Valter Fernandez Gonzalez veio ao mundo, sua mãe, Isolina, ainda vivia sob o abalo de uma tragédia que se abatera sobre a família no início daquele ano de 1944.

Na casa em que viviam na Rua Ibiapaba, 133, no Engenho da Rainha, no subúrbio do Rio de Janeiro, o pai de Valter, Manuel, sofrera um repentino surto de loucura.
Sua força era tanta que, violentamente, ele quebrou a casa inteira, chegando ao ponto de rasgar o colchão, poupando apenas Isolina, que se encontrava grávida de Valter.
Foi necessário o uso de uma camisa de força para conter sua fúria.

Levado para a Colônia Juliano Moreira, em Jacarepaguá, Manuel não resistiu por muito tempo.
No dia 15 de fevereiro de 1944, aos quarenta e seis anos de idade, Manuel veio a óbito, vítima de insuficiência circulatória aguda.

Menos de quatro meses depois, no dia 05 de junho, nasceu Valter, no hospital da Sociedade Espanhola de Beneficência do Rio de Janeiro.

Valter era o terceiro filho da carioca Isolina da Silva e do imigrante espanhol Manuel Fernandez Gonzalez, natural de San Xosé de Ribarteme, na província galega de Pontevedra.

Antes de Isolina, Manuel desposara Lucília Lopes, com quem não teve filhos.
Recentemente enviuvado, em meados dos anos 1930, ele se uniu com Isolina.
Desse casamento, antes de Valter, nasceram Carmem e Luiz.

Manuel foi o primeiro membro de sua família a emigrar para o Brasil, onde se estabeleceu trabalhando como motorista no ramo de transporte de produtos alimentícios.

Valter nunca soube muito sobre o pai que não chegou a conhecer nem sobre seus antepassados paternos e maternos.
Isolina era uma mulher bastante fechada e não se relacionava com seus parentes, com exceção de sua mãe.
Além disso, não gostava de dar explicações ou contar muitas histórias sobre a família para seus filhos.

Outro acontecimento colaborou para que se evitasse falar de Manuel após o nascimento de Valter: pouco tempo depois, Isolina se casou com um primo do falecido marido, José, também galego.

José abriu caminho para que outros parentes emigrassem para o Rio de Janeiro e sua casa se tornou o primeiro abrigo daqueles que desembarcavam em terras brasileiras em busca de melhores condições de vida.

O padrasto de Valter trabalhava como auxiliar de pedreiro, mas também compunham a renda familiar aluguéis de alguns imóveis deixados por Manuel.

Embora criasse os três filhos do primo falecido, José fazia questão de que ficasse claro que não era o pai deles, dispensando às crianças um tratamento muito severo.

Mais tarde, a família cresceu com a chegada de Izaura e Pedro.

Valtinho – como Valter era chamado por todos – tinha oito anos de idade quando sua família se mudou para Piedade, outro bairro do subúrbio carioca, passando a residir na Avenida Suburbana, 8801.

Nessa época, o menino já passara por uma escola no Engenho da Rainha – da qual restaram poucas lembranças.

O garoto que sonhava com as estrelas... do cinema e do rádio!

Em Piedade, Valtinho ingressou na Escola Municipal João Kopke, onde estudou na mesma classe do futuro Dzi Croquette Cláudio Gaya: "Eu tinha ciúme dele porque era o 'pilotão' da classe... Ou seja, vestia uma roupa branca e sentava junto à mesa da professora, atuando como uma espécie de secretário dela.".

Bom aluno, do tipo que leva flores para a professora, Valtinho era uma criança sociável, especialmente com as meninas, com quem preferia brincar.

Era com elas que se divertia cantando os sucessos de cantoras de rádio como Dalva de Oliveira.
"Nós cantávamos coisas como 'Um pequenino grão de areia, que era um pobre sonhador...'. E eu cantava melhor do que todas.", relembraria muitos anos depois, "Eu estava sempre com as meninas e fazia algumas 'sacanagens' com os meninos.".

Além das meninas, Valtinho tinha grande afinidade com as crianças menores.
Cuidava de Izaura e Pedro quando necessário e era frequentemente chamado pelas vizinhas para cuidar de seus filhos quando precisavam sair.
Por muito tempo, Pedro só dormia se Valtinho estivesse por perto. O caçula da família era mais apegado ao irmão do que à própria mãe.

Além das brincadeiras com as meninas e das crianças que cuidava, Valtinho ia muito ao cinema e era apaixonado pelas estrelas de Hollywood e pela atriz italiana Gina Lollobrigida.
Quando voltava para casa, ele passava muito tempo entretido com as revistas especializadas e os álbuns de figurinhas de artistas que colecionava.

"Eu pintava com lápis colorido nas revistas, fazia maquiagem mais pronunciada nas fotografias... Minha vida era esse mundo.", resumiria mais tarde.
Outra distração do garoto eram os programas de rádio – principalmente os da Rádio Nacional – que ele ouvia de tarde e de noite.

Enquanto encerava o chão ou se dedicava a outros afazeres domésticos para ajudar Isolina, Valtinho sempre deixava o rádio ligado e ouvia programas de auditório como os de César de Alencar, Paulo Gracindo e Manoel Barcelos.
Os gritos do público no auditório despertavam nele a vontade de também participar daquilo.

Esse desejo cresceria ainda mais com a passagem de um furacão em forma de mulher pela vida de Valtinho.

O dia em que a felicidade chegou no bairro da Abolição

Em meados dos anos 1950, o programa "A felicidade bate à sua porta", apresentado por Heber de Bôscoli e Yara Salles e veiculado pela Rádio Nacional, tinha como proposta visitar um bairro carioca a cada edição.
Durante o programa, uma casa do bairro da vez era sorteada. Se seus moradores tivessem a pasta, a cera e o sabão Cristal, eram premiados com dois mil cruzeiros.
De quebra, todo o bairro era agraciado com um show estrelado pela cantora Emilinha Borba.

Foi na passagem do programa pelo bairro da Abolição, ao lado de Piedade, por volta de 1955, que Valtinho viveu um dos momentos mais emocionantes de sua vida.

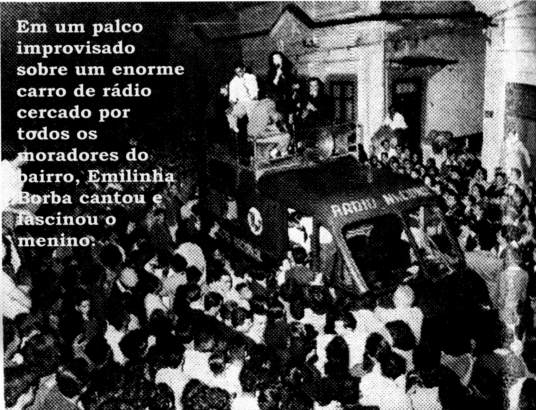

Em um palco improvisado sobre um enorme carro de rádio cercado por todos os moradores do bairro, Emilinha Borba cantou e fascinou o menino.

"A minha experiência de ver Emilinha ao vivo foi deslumbrante.", rememoraria seis décadas depois, "Quando vi aquela mulher linda, carismática, e a multidão enlouquecida, ovacionando, eu também fiquei louco por ela. Me lembro da roupa até hoje. Aí eu quis ir para a Rádio Nacional. Queria vê-la de perto.".

Pouco tempo depois, o desejo de Valtinho foi realizado por uma vizinha, Odaléia, uma das inquilinas de Isolina.

O primeiro programa de auditório foi o de César de Alencar. Sentado na frente do palco com as outras crianças, ele assistiu a "Parada dos Maiorais" e pôde rever seu novo ídolo cantando três músicas, entre as quais "Em nome de Deus".

Mais uma vez, a experiência de assistir Emilinha Borba foi marcante: "Eu me lembro direitinho, a roupa e tudo. Engraçado... Como é que a gente pode ver uma vez e não esquecer, né?".

A partir de então, ir à Rádio Nacional se tornou parte do cotidiano de Valtinho.

Apresentação da cantora Marlene no auditório da Rádio Nacional: destaque para Valtinho na plateia

Às vezes, o garoto era acompanhado por sua irmã Izaura e eles participavam dos jogos dos programas.
O grande êxito da dupla era em uma brincadeira envolvendo bolas que acontecia no horário de Dalva de Oliveira, também no programa de César de Alencar. Quase sempre, Valtinho e Izaura eram os vencedores.
O concurso acontecia no sábado e o prêmio – em dinheiro – era retirado na quarta-feira.

Em outro programa, havia um concurso no qual os ouvintes enviavam cartas pedindo para entrevistarem um artista: "Em certa feita, a carta da minha irmã foi sorteada e ela foi à rádio para entrevistar Gracindo Júnior.".

Apenas um menino tímido e educado

Da Escola Municipal João Kopke, Valtinho foi transferido para um colégio interno, de disciplina militar.
Carmem e Luiz também foram matriculados em internatos.
A impressão dos irmãos era que José queria manter os filhos do primeiro casamento de Isolina longe de casa.

Valtinho odiava a rigidez do colégio. Os alunos eram obrigados a acordar de madrugada e marchar por toda a escola.

Somente meninos estudavam ali e eles notavam que Valtinho era "diferente".

"Acho que eu já começava a demonstrar a minha sexualidade, porque os meninos já davam conta de que eu era uma bichinha.", recordaria sobre aquele período, "Nunca sofri bullying. Só passei tipo 'curra'... Eles querendo me agarrar dentro da sala de aula vazia... Essas coisas...".

Seu único amigo era um garoto negro, a quem chamavam Petróleo.

Apesar de tudo, o próprio Valtinho ainda não sabia bem o que ele era, pois não conhecia nenhum outro homossexual.
Já sentia que os homens lhe atraíam e nutria um desejo especial pelo diretor do colégio, um general chamado Edu: "Um belo homem, que era muito sexy. Ficou só nisso. Infelizmente...".

"Só depois, com treze, catorze anos, percebi que os meninos namoravam e eu não tinha a intenção de namorar ninguém... Menina nenhuma me atraía. Aí comecei a entender qual era a minha.", diria no futuro.

Até então, Valtinho era tido em seu bairro apenas como um menino tímido e educado.

Nessa época, ele mantinha um diário, em cujas páginas desabafava sobre os horrores que passava no colégio: por exemplo, ser obrigado a comer o arroz com feijão e carne moída que era distribuído aos alunos, o qual tinha um cheiro esquisito que lhe dava vontade de vomitar.

Em certa feita, um aluno pegou o diário de Valtinho e o entregou para o diretor.
Como punição, o adolescente teve que comer o diário inteiro na frente de todo o colégio, folha por folha.

Em outra escola, Carmem e Luiz também sofriam suas próprias agruras.
Tanto que decidiram fugir juntos e perambularam pelo centro da cidade durante alguns dias, até serem encontrados sentados em um banco na Cinelândia por um tio.

Mas nem tudo era tão terrível: em raros momentos de prazer, Valtinho podia exercer suas habilidades artísticas cantando no coro do colégio e participando de peças de teatro montadas pelos estudantes.

O auge do sofrimento de Valtinho naquele colégio interno se deu durante o surto da gripe asiática, quando os alunos não podiam receber visitas e passaram meses isolados, sem poder sair.

Mas esse também foi seu momento final internado: ao fim daquele período, deixou o internato para nunca mais voltar e passou a cursar o ginásio à noite no Colégio Brasília, em Piedade.

Essa escola era particular e, embora a família tivesse uma boa situação financeira, José o obrigava a trabalhar durante o dia para pagar seus estudos.

Inicialmente, Valtinho era levado para as obras em que José estava trabalhando, geralmente edifícios em construção.
Se desdobrava em várias funções: distribuía ferramentas e carregava baldes de concreto, pedras e tijolos.

Não era apenas nas obras do padrasto que Valtinho trabalhava.
Ele chegou a engraxar sapatos e entregar pães, frutas e verduras por aqueles anos.
Acordava às cinco da manhã e, muitas vezes, chorava de medo de entrar em alguma vila para entregar pães porque ainda estava escuro.

Carmem e Luiz também tinham saído de seu colégio interno, mas não moravam mais com a família.
Mãe solteira, a irmã de Valtinho foi expulsa de casa pelo padrasto e passou a viver na casa de uma prima.
Isolina, por sua vez, se mantinha impassível diante do tratamento que José dispensava aos seus primeiros filhos.

"Coisa de mariquinhas": vivendo no meio dos artistas

Nas horas vagas, quando não estava estudando nem trabalhando, Valtinho frequentava o Clube Oposição, centro artístico de Piedade, situado em frente à sua casa.

No Oposição, se desenvolvia a vida social do bairro em bailes familiares e shows de artistas renomados e amadores, muitos deles moradores da própria vizinhança, que se apresentavam aos domingos na "Hora do Guri".

E a vizinhança de Valtinho não era fraca: os integrantes da banda Renato e seus Blue Caps e o cantor galã Ed Wilson – que mais tarde alcançariam a fama no movimento musical Jovem Guarda – faziam parte do cast do Oposição.

Por fim, o próprio Valtinho também passou a cantar no clube, além de apresentar alguns shows – o que não era apreciado por sua família, conforme contaria depois: "Ninguém incentivava minha veia artística. Achavam que era coisa de mariquinhas. Eles já sentiam que eu ia ser diferente.".

Suas aplaudidas apresentações no palco do Clube Oposição encorajaram Valtinho, então com quinze para dezesseis anos, a participar de concursos de calouros em programas de televisão, cantando músicas como "Ave Maria", sucesso de Dalva de Oliveira.
Ele também participava de shows promovidos em clubes cariocas pela revista "Canta moçada", que chegou a publicar sua fotografia em algumas edições.

A inesperada aproximação pessoal de Valtinho com seu grande ídolo, Emilinha Borba, também colaborou com sua entrada no meio artístico.

Valtinho e outros fãs costumavam aguardar a chegada de Emilinha na frente da Rádio Nacional, na esperança de subir com ela no mesmo elevador.
Em uma dessas ocasiões, foram surpreendidos pela cantora com um pedido: "Tem alguém aí que sabe dar um jeito no meu cabelo?".
"Eu!", berrou Valtinho, sem hesitar.

Convencida pela autoconfiança do rapaz, Emilinha o levou para seu camarim e adorou o resultado.
Depois disso, todos os domingos, era Valtinho o responsável por ajeitar o cabelo dela antes de suas apresentações no Programa Paulo Gracindo.

Rapidamente, Valtinho conquistou a simpatia de outros artistas e funcionários com quem cruzava nos corredores, o que lhe garantiu entrada livre nos bastidores da Rádio Nacional.

Com o tempo, ele se tornou uma espécie de secretário de Emilinha, incumbido de diversas tarefas pela cantora: por exemplo, levar as partituras de suas canções para os músicos na TV Rio e acompanhá-la em shows ou até mesmo em visitas à sua irmã.
Quando os programas acabavam, Valtinho era o único fã que entrava no carro da artista - que o deixava em uma esquina de Copacabana, pois ele mentia que morava no bairro apenas para desfrutar de sua companhia na carona.

De lá, tomava um ônibus e retornava em direção à sua casa no subúrbio.

Um dos grandes feitos do jovem foi conseguir uma boa costureira para Emilinha no subúrbio – Haidee – para dar conta da demanda da artista, visto que ela não podia repetir nenhuma roupa em suas aparições públicas.

Uma grande parte dos fãs das cantoras de rádio era composta por jovens homossexuais que lotavam os auditórios para ver seus ídolos de perto.
Para muitos deles, o auditório da Rádio Nacional era o ponto de partida para que encontrassem seus iguais em uma época em que o preconceito e o silêncio em relação à diversidade sexual predominavam.
Ali, se reconheciam, se reuniam e criavam grupos dentro dos quais podiam viver com liberdade suas orientações sexuais e seus verdadeiros gêneros.

Foi em um sábado de 1959, na plateia do programa de César de Alencar, que Valtinho conheceu Astolfo Barroso Pinto, um ano mais velho e também fã de Emilinha Borba.
Não demorou muito para que, depois de uma dessas tardes de sábado na Rádio Nacional, Astolfo levasse Valtinho para outro ponto de encontro obrigatório dos jovens homossexuais da época:
a Cinelândia.

Fascinado, Valtinho passou a frequentar aquela praça todas as noites.
Deixar de ir à escola para ir à Cinelândia, aliás, foi uma das razões pelas quais ele abandonou o colégio quando cursava o 1º ano do científico.

"Aí eu vi que a vida escolar não era a minha meta.", relembraria, "Eu queria ser cabeleireiro, maquiador... Se não fosse artista. O que eu queria, afinal, era viver no meio dos artistas.".

As jovens misses da Cinelândia

Para Valtinho, a Cinelândia era a Broadway do Rio de Janeiro, com seus cinemas, teatros e docerias ao redor de uma bela praça em torno da qual muitas famílias costumavam passear.

O grupo no qual Astolfo introduziu Valtinho era formado por uma dezena de rapazes que andavam sempre juntos, procurando diversões e paquerando os homens que circulavam por ali.

Uma das principais ocupações do grupo era promover concursos de misses nos monumentos e escadarias da Praça Paris.
Cada um usava uma faixa de miss com o nome de um dos cinemas dos arredores: Miss Vitória, Miss Plaza, Miss Metro, Miss Roxy, Miss Capitólio, Miss Odeon, Miss Palace e assim por diante.
Muita gente parava para assistir esses desfiles, nos quais cada um dava o melhor de si: "Os passantes iam se juntando e era maravilhoso. Todos nós 'de menino', dando pinta, de pulôver, gola rolê... Um pouco maquiados, mas de cabelos curtos. O público aplaudia e se tornava júri de nosso concurso. Então saía o vencedor e era muito divertido.".

Não era apenas na Cinelândia que o grupo de Valtinho desfilava.
Nas arquibancadas do próprio Maracanãzinho, nos intervalos dos concursos oficiais de misses, eles também aproveitavam para chamar atenção com aquela brincadeira.
Jurados, patrocinadores e organizadores ficavam de pé para apreciar o desfile do grupo nas arquibancadas.

Fora do Maracanãzinho, o grupo acompanhava de perto o movimento das misses que se hospedavam no Hotel Serrador – para variar, na Cinelândia – e faziam plantão para esperar a saída e a chegada delas.
A favorita de cada um já era escolhida desde a porta do Serrador: "Bem antes disso, eu já tinha certa fixação pelos concursos de misses... Desde quando estudava na João Kopke – é que uma das minhas professoras, Luiza, tinha participado do concurso Miss Elegante Bangu. Isso mexeu muito com o meu imaginário sobre misses.".

Além de misses, os amigos de Valtinho também encarnavam vedetes da Praça Tiradentes nas escadarias da Biblioteca Nacional e do Theatro Municipal, que fantasiavam ser as do Teatro Recreio: "Fazíamos concursos para ver quem descia melhor a escadaria.".

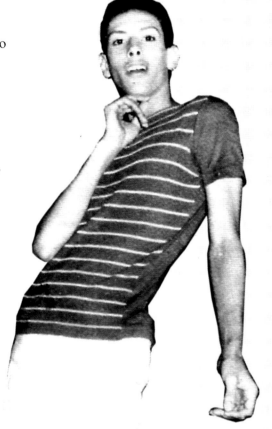

O surgimento de VALÉRIA

Edson Santiago era um dos amigos de Valtinho e Astolfo no grupo da Cinelândia.
Apaixonado pelo universo do teatro de revista, Edson foi um dos primeiros a adotar um nome feminino para usar entre o grupo: o nome escolhido foi Eloína, o mesmo de uma vedete de grande cartaz na época.
Um a um, os outros rapazes também foram rebatizados.
Finalmente, chegou a vez de Valtinho: "Temos que botar um nome na bicha!", decidiram.
Cada um deu seu palpite.

Venceu o nome sugerido por Eloína: Valéria, também "emprestado" de uma vedete – dessa vez, Valéria Amar.

Mais tarde, Astolfo se tornaria Rogéria.
Também integravam o grupo Fabette, Wanda, Lisa Bellini, Angela Blanche, Cezinha e as gêmeas idênticas Veruscka e Cristina – uma fã de Marlene e a outra de Emilinha.

"Além do nosso, existiam mais grupos, como o pessoal de Copacabana: Marquesa, Brigitte... Não tinha rivalidade – o que havia eram os grupos de amizade.", explicaria Valéria muitos anos depois, "Nós éramos a turma da Zona Norte... Mas era a que mais fechava! Entre outras peripécias, íamos ao Cristo Redentor e fazíamos desfiles lá em cima, com aqueles holofotes enormes, de madrugada.".

Ainda vestidos como homens, mas assumindo um comportamento cada vez mais feminino no dia a dia, nenhum daqueles rapazes pensava realmente em se tornar travesti em tempo integral. Tudo ainda era muito novo para eles, que aos poucos exploravam seus próprios limites no território tênue do gênero e da sexualidade.

Para grande parte daquela geração, o Carnaval era a primeira oportunidade de se travestir de mulher em público.
Com Valtinho não foi diferente. Ainda menor de idade, no Carnaval de 1961, ele saiu fantasiado de mulher pela primeira vez para brincar no Baile do República.
O vestido tubinho rosa fúcsia e a peruca americana usados na ocasião foram emprestados pela atriz Darlene Glória, com quem travara amizade nos bastidores da TV Rio.
Na época, Emilinha Borba era a estrela do programa "ODD Show", comandado por Paulo Gracindo, e Darlene era uma das garotas-propaganda da atração.
Sempre acompanhando a cantora, Valtinho ficou muito amigo de Darlene e costumava dormir em seu apartamento em Copacabana.

"Os bailes do República eram maravilhosos. Muitos bofes divinos atrás da gente! Eles ficavam com as namoradas nos portões das suas casas só para tirar sarro até uma certa hora. Depois iam se divertir conosco – sem elas.", recorda Valéria, "Naquele primeiro baile, eu fui de mulher e não de fantasia. Porque fantasia tinha que ser grandiosa, para concorrer.".

Depois do baile, o vestido e a peruca ficaram com Valtinho.
Quando estava sozinho em casa, não deixava passar a chance de se montar novamente e ficava na janela travestido para que os passantes pensassem que se tratava de uma mulher: "Eu até então não me vestia de mulher, mas andava meio maquiadinho, dando pinta. A sensação que me batia nesses momentos na janela era maravilhosa, gloriosa, divertida. Era um prazer enorme, divino.".

Um dos lugares usados por Valéria e Rogéria para se montarem antes dos bailes de Carnaval era o apartamento-escritório do cantor Roberto Carlos no Edifício Santos Vale, na Rua Senador Dantas.

Valtinho ficou amigo de Roberto nos bastidores da Rádio Nacional e da TV Rio, quando ele cantava no "Clube do Rock". A amizade também rendeu um show do cantor em Piedade, no palco do Clube Oposição, em 1963, para arrecadar dinheiro para Valtinho fazer uma fantasia de Carnaval. "Consiga um lugar que eu vou fazer um show para você.", prometeu Roberto. E cumpriu: se apresentou no Oposição sem cobrar nada e, de quebra, ainda levou com ele vários artistas que não estavam anunciados.

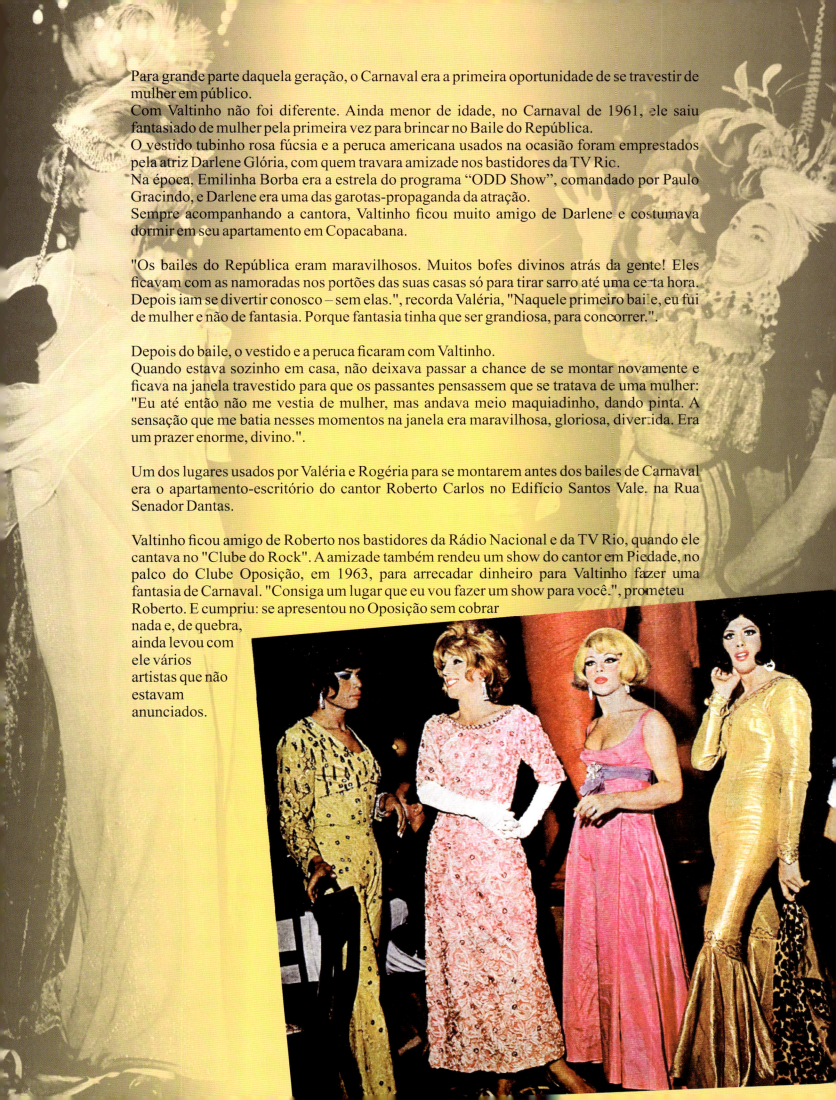

Entre os bofes e a polícia... e os bofes policiais!

"Até os dezessete anos, eu era virgem.", conta Valéria, "Antes, eram só brincadeiras. Com os garotos da rua, que me agarravam... Eu fingia que queria me soltar, mas gostava e deixava. Mas não tinha penetração.".

Isso mudou com a chegada de Abelardo – um belo argentino de vinte e sete anos – nas noites da Cinelândia.

Em um hotel na Glória, Valtinho conheceu os prazeres do sexo nos braços do portenho.
Eles tiveram outros encontros, mas o caso não durou mais do que um mês: "Porque aí eles já buscavam outra, novinha, virgem ainda... Abelardo já tinha comido quase todas ali.".

Não era apenas em hotéis que os encontros sexuais da turma da Cinelândia aconteciam.
Em um local no centro da cidade conhecido na época como "o Buraco da Maysa", machões enrustidos procuravam sexo com outros homens.
Alguns motoristas de lotação que faziam ponto final na Cinelândia também cediam às investidas do grupo.
"E aí era uma farra tremenda.", confessa Valéria, "Era uma beleza! Tem alguns que eu não esqueço até hoje.".

Com parte do corpo policial, acontecia o mesmo: "Muitos policiais davam em cima da gente. A maioria deles se divertiu conosco e nós com eles.".

Mas nem tudo eram flores. Constantemente, os desfiles e as brincadeiras na praça acabavam na delegacia: "Brincávamos muito embaixo do Bola Preta, onde tinha a banda, e aí chegava a polícia e todos saíam correndo. Era uma coisa muito ingênua nossa. Porque éramos muito meninos ainda, apenas querendo dar pinta.".

A primeira vez de Valtinho com a polícia também foi na Cinelândia.
Detido, o jovem foi levado à delegacia: "Passávamos a noite lá e liberavam a gente de manhã. Sempre em uma cela separada dos outros presos.".

Na praia do Flamengo – onde a "turma da Zona Norte" ia de biquíni para tomar sol – a polícia aparecia frequentemente e levava todo mundo para o posto policial. Muitas vezes, essas "prisões" acabavam em sexo.

"Tinha também os homofóbicos, com quem não rolava nada.", salienta Valéria, "Não tinham o que fazer e resolviam levar a gente para a delegacia. Eles se divertiam fazendo isso: pegar duas ou três bichas pintosas e deixar presas.".

O famigerado delegado Padilha é o mais lembrado por sua bruta atuação na perseguição de homossexuais e prostitutas no Rio de Janeiro nas décadas de 1950 e 1960.

Para Valéria, tanta violência por parte da polícia era gratuita: "Nós, da Cinelândia, éramos muito família: só bichinhas dando pinta. Não existia marginalidade no nosso meio. Era tudo gente de paz. As bichas da Lapa – território do mítico Madame Satã – eram tidas como marginais. Bichas barra-pesada, que roubavam, se prostituíam... A gente não fazia prostituição. Era tudo para se divertir. Passávamos pelas da Lapa e tínhamos até medo, sabe?".

Somente anos depois, Valéria conheceria Madame Satã, "já velhinho", na inauguração da sede de um fã-clube de Emilinha Borba em cima do Amarelinho.

Expulso de casa

As famílias de quase todos os integrantes da "turma da Zona Norte" respeitavam aquele modo de vida.
Eloína morava com a madrinha, uma mulher de cabeça aberta, que recebia os amigos da afilhada em casa e os ajudava a se montar de mulher no Carnaval.
A mãe de Rogéria também era receptiva em relação ao grupo.

Na casa de Valtinho, porém, as coisas estavam cada vez piores.
E não melhoraram nada quando, depois de uma briga com a irmã, seu diário foi interceptado pela mesma, que o entregou a Isolina.
Nas páginas do diário, Valtinho registrava tudo – até mesmo seu relacionamento com Abelardo.
"Não tem vergonha?", perguntou Isolina, furiosa.
Arrasado, Valtinho nem pôde negar: estava tudo escrito.

Apesar de tudo, o conteúdo do diário não chegou aos ouvidos de José, que também tinha suas desconfianças em relação ao comportamento do enteado, mas não tinha provas para que pudesse tomar uma atitude mais enérgica contra ele.

Nessa época, Valtinho conseguiu seu primeiro emprego de carteira assinada, como contínuo, na Cosmos Engenharia, na Rua do Carmo.

Pouco tempo depois da confusão do diário, um vizinho da família contou para José que vira Valtinho "com as bichas da Cinelândia".
Foi a gota d'água!
"Aqui você não entra mais!", decretou José.
Mais uma vez, Isolina se isentou de defender o filho contra o padrasto e não disse nada.

"Na época da Cinelândia, as bichas iam para os hotéis e os bofes as seguiam uma quadra atrás.", relembra Valéria, "Quando me expulsaram de casa, fui para o único hotel que eu conhecia, onde sabia que poderia entrar sem documento: uma hospedaria na Gomes Freire, na qual eu sempre ia para trepar.".

Durante dois dias, Valtinho ficou sozinho chorando no quarto do hotel.
Por fim, Fabette ofereceu a casa em que morava com sua mãe, Mariah, no Botafogo, para que Valtinho ficasse por quanto tempo precisasse.

Analisando em retrocesso, Valéria vê de uma forma positiva sua expulsão de casa: "Eu tinha medo de entrar na do meu padrasto: ficar em um trabalho daqueles que ele arrumava para mim e não sair mais dali. Quando me mandaram embora, eu pude sair de casa e viver o meu mundo, tudo o que eu queria.".

Ivaná

Até 1960, os números de travestismo eram comuns no Brasil em shows de variedades, espetáculos de teatro de revista e em casas noturnas.
Artistas como o argentino Aymond, o português (que se passava por francês) Ivaná e o brasileiro Carlos Gil ficaram célebres por suas apresentações vestidos de mulher.
Mesmo sendo anunciados com grande estardalhaço, suas aparições no palco se restringiam a participações dentro de um elenco diversificado, que podia incluir vedetes, mágicos e até animais amestrados.
Ainda não havia no Brasil uma casa ou um espetáculo em que se apresentassem apenas artistas transformistas, como os cabarés parisienses Chez Madame Arthur e Carrousel de Paris.

Isso mudou na virada dos anos 1950 para os 1960, quando a boate Favela, na Avenida Atlântica, em Copacabana, resolveu investir no gênero e lançou um espetáculo com um elenco composto somente por homens travestidos.
Foi uma grande sensação!
Além da já famosa Ivaná, a boate Favela tinha em seu cast nomes como Nádia Kendall e lançou travestis que alcançariam grande fama na época, como Sophia Loren.
O burburinho em torno desses shows era tanto que até a conservadora e familiar "Revista do Rádio" publicou em suas páginas fotografias dos artistas da Favela.
Mas tudo aquilo durou pouco: sob o pretexto de que os shows de travestis geravam muitos custos e pouco retorno financeiro, a direção da Favela decidiu fechar o estabelecimento e ceder o espaço para um restaurante de luxo em meados de 1961.

Demorou algum tempo para que outras casas arriscassem novas investidas naquele gênero de espetáculo.
Em maio de 1964, finalmente, o empresário Francisco Bouzas abriu as portas de sua boate – a Stop, na Galeria Alaska, no Posto Seis de Copacabana – para receber um elenco inteiro de travestis.

Com música ao vivo e um elenco formado pelas travestis Rogéria, Gigi, Marquesa, Brigitte, Manon e Bijou e as participações de Jean Jacques (como Mamália Rodrigues) e Jerry Di Marco como apresentador, a "revuette" "International Set" era um show de variedades organizado por Hugo de Freitas no qual cada uma mostrava suas habilidades no palco, além dos trajes luxuosos e das "perucas muito bonitas e bem penteadas", nas palavras do jornalista Attilio Cerino em sua coluna "Acontece de madrugada", publicada no jornal carioca "Luta Democrática".

O sucesso de "International Set" rendeu frutos: não demorou para que os donos de outras boates de Copacabana também lançassem seus próprios shows somente de travestis.

O sempre antenado De Paula – responsável por lançar os espetáculos de striptease nas noites de Copacabana alguns anos antes – decidiu montar na boate Pigalle, também no Posto Seis, um show de travestis intitulado "Chez Madame Arthur", cujo roteiro apresentava uma história passada em uma elegante boutique na qual havia um desfile de perfumes.
Cada travesti era anunciada por Tânia Porto e fazia sua entrada em cena representando uma marca de perfume – Femme, Fleur de Rocaille e outras.
No elenco, estavam várias integrantes da "turma da Zona Norte": entre outras, Fabette, Eloína, Wanda e... Valéria!

Manon

"Quem teve a ideia de me convidar para me apresentar como travesti foi Suarez, que era uma travesti mais antiga do que eu, um costureiro. Foi quem convocou o elenco.", recorda Valéria, "Minhas amigas estavam no 'International Set', então aceitei de imediato, pois achei que também seria um grande espetáculo; mas não aconteceu.".

Para Valtinho, que sonhava com a vida artística e participara até de uma montagem da Paixão de Cristo no Teatro Recreio interpretando um personagem masculino, o importante era estar no palco – tanto fazia se como Valter ou como Valéria: "Ser aplaudido bastava!".

Na realidade, se apresentar como travesti nunca tinha passado por sua cabeça até então, nem mesmo quando assistira ao vivo a apresentação da famosa transexual francesa Coccinelle na TV Rio: "Eu achava uma coisa bárbara, incrível... Mas não era uma meta a ser alcançada... Não era algo que eu queria... Era impressionante, ousado... E só.".
Mesmo Ivaná, a grande referência do gênero no Brasil na época, nunca despertara muita curiosidade em Valtinho, que só a viu no palco uma única vez, no Teatro Jardel, em uma revista na qual também trabalhava sua amiga Darlene Glória, a quem fora prestigiar.

Valtinho nunca entrara em uma boate até sua estreia na Pigalle.

Gigi

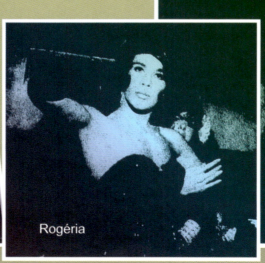
Rogéria

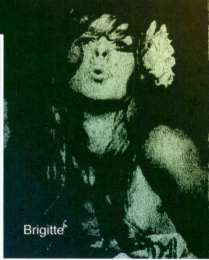
Brigitte

ÊLES IMITAM ELAS...

ATUALMENTE é apresentado no Rio um dos mais curiosos espetáculos, nas madrugadas. Trata-se do show intitulado "International Set", com a participação de alguns dos mais famosos travestis do País. A apresentação do show é feita na Boate Stop e conta com a presença dos seguintes artistas, chamados de Rogéria, Manon, Marquesa, Mamália Rodrigues (caricaturando a famosa fadista portuguêsa), Gigi, Brigitte e Bi- rio e faz travesti porque adora o gênero, segundo diz. De Gigi, convém dizer que tem uma bela voz, comparável à das boas cantoras do Rádio e Televisão. Brigitte, muito jovem (também tem cêrca de 19 anos), é estudante e compõe um tipo muito bom, o da famosa Bardot, apresentando-se em cena descalço e de blue-jeans. Bijou, ou melhor, Bijou Blanche, é o mais velho de todos: está com 35 anos e foi sucesso durante muito tempo

Cantando o repertório de Elizeth Cardoso, cujo timbre de voz se assemelhava muito ao seu, Valéria terminava o show "com um espetacular vestido de noiva, negócio de algumas dezenas de milhares de cruzeiros", de acordo com Attilio Cerino.
O espetáculo de travestis da boate Pigalle estreou em julho e, no fim do mesmo mês, Valéria já deixara seu elenco.
"O excelente travesti teve seu contrato rescindido.", contava uma nota publicada no "Luta Democrática", "Dizem as más-línguas que foi porque estava fazendo muita fofoca. Vamos averiguar.".

Mas já no início de agosto, Valéria voltava à cena noturna no palco da boate Lido, antiga OK, também em Copacabana.
Com produção, direção e coreografia do bailarino Carlos Martinez, o show era apresentado de madrugada e "roubou" alguns nomes do elenco da Pigalle: além de Valéria, foram para lá Fabette e Eloína.
Um dos pontos altos do show da Lido era o número da travesti Marion, que, com sua voz lírica, cantava uma ária da ópera "Madame Butterfly" em trajes de gueixa.

Foi nessa boate que Valtinho se apaixonou pela primeira vez. O eleito de seu coração foi o pianista do show, Celso Murilo: "Mas não rolou caso... Me declarei e ele foi muito amoroso e gentil comigo... Me respeitava, me tratava muito bem... Mas não era a dele...".

Naquele palco, Valéria foi vista por Hugo de Freitas e ele a convidou para integrar o elenco de "International Set", que já estava há vários meses em cartaz.

Ainda menor de idade – considerando que, na época, a maioridade era atingida somente aos vinte e um anos – Valtinho teve que ser emancipado para poder trabalhar na boate Stop.
Nas anteriores, ele era obrigado a se esconder dentro dos armários quando chegava o censor.

A profissionalização da "turma da Zona Norte" como artistas travestis marcou o final da "fase Cinelândia" em suas vidas: "Não tínhamos mais tempo e nem fazia sentido estar ali. Passamos a frequentar outros ambientes, pois nos tornamos artistas e fazíamos um sucesso enorme.".

Em qualquer uma dessas boates, o procedimento das travestis era sempre o mesmo: chegavam com roupas masculinas, se maquiavam e se vestiam de mulher nos camarins e, ao fim do show, tinham que se transformar em homens outra vez. Ainda não se admitia que uma travesti saísse montada na rua.

A temporada de "International Set" na boate Stop chegou ao fim na noite de 28 de novembro de 1964.
"Para a despedida, a 'cantora' Valéria, que dizem ter a voz de Elizeth Cardoso, vai cantar, a pedido do público, um trecho da 'Bachianas nº 5'. Não quero nem ver.", anunciava uma nota publicada no jornal carioca "Última Hora" nessa data.

Mas o elenco de "International Set" não ia ficar muito tempo parado.
Já no início de dezembro, estreava no mesmo espaço o musical "Les Girls".

"Les Girls"
o show do IV Centenário

Anunciado como "o show do IV Centenário" – em alusão aos quatrocentos anos da fundação da cidade do Rio de Janeiro, que seriam completados em março de 1965 – o espetáculo "Les Girls" contava com o mesmo corpo técnico dos melhores programas musicais da TV Rio na época.
Programas como "Noites cariocas" e "Times Square" reuniam vedetes e humoristas em uma sequência de esquetes e números musicais, alcançando grande sucesso junto ao público.
Entre seus principais realizadores estavam o roteirista Meira Guimarães, o compositor João Roberto Kelly e o diretor Luiz Haroldo.

Rogéria – ainda vivendo como Astolfo fora do palco – trabalhava como maquiador na TV Rio e, em certa feita, abordou Kelly nos bastidores da emissora com um pedido: queria estrelar um show no mesmo estilo daqueles programas, mas com um elenco formado apenas por travestis – no caso, o mesmo de "International Set".
Kelly, Meira e Haroldo se interessaram pela ideia e começaram a trabalhar no projeto.

Prontos o roteiro e as músicas, foram convocados para a execução do espetáculo o figurinista Viriato Ferreira, o coreógrafo Djalma Brasil e o cenógrafo Ricardo Mayer, além de um sexteto formado por músicos da Orquestra Tabajara escolhidos a dedo por Kelly, sob a batuta do Maestro Bahia.
O guarda-roupa – que contava com "quarenta trajes superluxuosos", conforme anunciado – ficou a cargo de Afonso Guedes.
A produção ficou por conta de Francisco Bouzas, em cuja boate Stop seria apresentado o espetáculo, intitulado "Les Girls".

Estavam no elenco da temporada de estreia Jerry Di Marco, Jean Jacques, Carlos Gil, Rogéria, Marquesa, Brigitte, Nádia, Manon, Wanda, Carmen, Jardel Mello e... Valéria!

A grande inovação de "Les Girls" era apresentar travestis não em uma sequência de números de variedades, mas interpretando personagens femininos dentro do contexto de uma trama: tratava-se de um terapeuta que recebia em seu consultório mulheres desajustadas que expunham a ele seus problemas. Essas pacientes eram interpretadas pelas travestis do elenco e suas questões serviam de tema para as músicas que cantavam.

A personagem de Valéria tinha "mania de cantora", era uma mulher que cantava o tempo inteiro. Por conta disso, ela era a única travesti que cantava fora dos esquetes em "Les Girls".
Seu número principal era a marcha "Rancho da Praça Onze", parceria de Kelly com Chico Anysio que faria sucesso na voz de Dalva de Oliveira.

Extremamente dedicado a desempenhar da melhor forma sua participação no espetáculo, Valter nem se dava conta dos conflitos políticos que aconteciam ao seu redor naquele momento difícil para o Brasil, recém-tomado por uma ditadura militar.
"Eu não tinha muita noção da Ditadura Militar, das torturas, pois não me ligava em política.", confessaria mais tarde, "Quando vejo algo sobre a luta armada na época, não me lembro de ter visto isso então. Acho que tudo aquilo acontecia enquanto eu aprendia as músicas de 'Les Girls' e não estava nem aí...".

A estreia de "Les Girls" aconteceu no dia 04 de dezembro de 1964 e contou com um grande público, formado por artistas e figuras da alta sociedade.
É importante frisar que o público da boate Stop não era predominantemente homossexual, o que garantiu que o espetáculo não ficasse restrito a guetos e alcançasse prestígio geral junto aos frequentadores da agitada noite carioca.

Mesmo aqueles que, de início, torceram o nariz para "Les Girls", se renderam à sua alta qualidade artística.
Foi o caso de Walter Clark, um dos diretores da TV Rio, que, ao saber do projeto, procurou Kelly com ar de reprovação: "Porra! Fiquei sabendo que você está musicando um show para uns veados...".
"São artistas de muito valor!", retrucou Kelly, "Exijo respeito.".
Pois bem: ao fim do espetáculo de estreia, lá estava Walter Clark aplaudindo de pé na primeira fila.

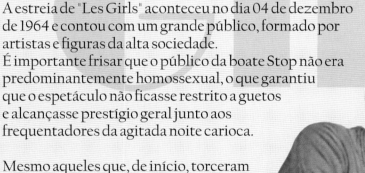

Os melhores da madrugada de 1964:
E os títulos de melhor autor, melhor figurinista, melhor música e melhor travesti vão para... "Les Girls"!

Embora fosse apresentado em um horário que visava diretamente um público mais boêmio, a uma hora da manhã, "Les Girls" rapidamente se tornou a coqueluche da cidade e um grande número de pessoas passou a lotar a boate Stop diariamente.

Até mesmo Brigitte Bardot, recém-chegada no Brasil, tomou conhecimento de "Les Girls", sendo informada de que havia no espetáculo uma travesti que a imitava. Segundo o colunista Eli Halfoun, "após dar boas gargalhadas", a atriz francesa teria dito que "o negócio devia estar mesmo gozado", manifestando sua vontade de ir até a Stop para conferir pessoalmente. Mas faria isso às escondidas, sem avisar nem mesmo os responsáveis pela casa.
Se isso aconteceu de fato, o negócio foi bem feito, pois ninguém tomou conhecimento da passagem de BB pela Stop.

Outro boato que surgiu logo nos primeiros dias da temporada afirmava que os dirigentes da luxuosa boate Night and Day – bem mais conceituada – pretendiam transferir "Les Girls" para suas dependências.
Para os artistas, a proposta era ótima: seus cachês dobrariam de valor. Mas nada se concretizou.

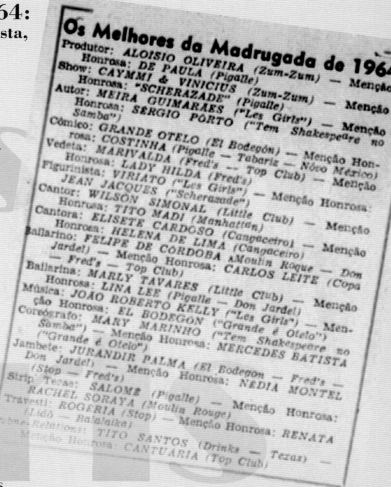

Uma das primeiras críticas de "Les Girls" foi publicada no dia 20 de dezembro no "Correio da Manhã", na coluna de Van Jafa, que louvou a capacidade de Meira Guimarães ao descobrir "o caminho certo para consagrar o gênero sem os riscos e a gratuidade naturais", visto que – para o crítico – espetáculos envolvendo travestis eram "uma extravagância e um entretenimento, mas que, sem o embalo e embalagem dramática, podem cair facilmente no deboche ou na gratuidade exótica".

É interessante notar que "Les Girls" demorou algum tempo para cair nas graças da imprensa, o que talvez tenha acontecido porque o comportamento de Francisco Bouzas desencorajava repórteres e jornalistas a frequentarem a Stop, o que atrapalhava sobremaneira sua divulgação.
"Ele era espanhol e não era de muita conversa.", recorda Valéria, "Ele se deslumbrou com o sucesso de 'Les Girls' e começou a fumar charuto, como um grande empresário. Mas ele não tinha o know-how para manejar tudo o que estava acontecendo.".
No final de dezembro, Attilio Cerino contava em sua coluna no "Luta Democrática" que ainda não tivera coragem de assistir "Les Girls" porque soubera através de um amigo que Bouzas dera ordem para que oferecessem a ele a pior mesa da Stop e servissem uísque falsificado.
Também Eli Halfoun, no "Última Hora", criticara o procedimento de Bouzas: "Não fosse a antipatia de seu proprietário, a boate Stop teria muito mais afluência e seria vista com mais simpatia pelo público. São inúmeros os telefonemas que tenho recebido de fregueses da casa reclamando contra a má educação de seu proprietário (e nele a aparência não engana!). (...) O Sr. Bouzas é tão 'grosso' que trata indelicadamente até fotógrafos que ali vão para promover a sua casa, que não passava de um cabaré à beira da falência.".

Pelo menos com Cerino, Bouzas procurou se retratar, indo até a redação do "Luta Democrática" para desfazer o mal-entendido.
Deu certo: o crítico foi assistir "Les Girls" e já no início de janeiro de 1965, ao eleger "Os melhores da madrugada de 1964" em sua coluna, deu ao espetáculo os títulos de melhor autor, melhor figurinista, melhor música e melhor travesti.

No dia 04 de janeiro, quando "Les Girls" completava um mês em cartaz, foi a vez da edição carioca do "Última Hora" publicar a crítica de Eli Halfoun, para quem Meira Guimarães conseguira "não só escrever um espetáculo picante, sem ser imoral, mas captar, principalmente, a intimidade de cada 'boneca'" e Luiz Haroldo incutira satisfatoriamente "um pouco de profissionalismo nas 'meninas'". Concluindo, afirmava Halfoun: "Valéria, imitando Elizeth Cardoso, arranca os maiores aplausos do espetáculo.".

Para Attilio Cerino, em observação publicada em sua coluna, a participação de Valéria também se destacava por "seu vestido em rosa" – "uma beleza e das melhores coisas desenhadas pelo talento de Viriato".

Para não dizer que tudo eram flores para Valéria – embora a "Revista do Rádio" noticiasse que, todas as quintas-feiras, recebia um ramalhete de rosas vermelhas de um admirador – vale lembrar que em meados de janeiro, ela foi suspensa por três dias da boate Stop. Motivo: indisciplina. Rogéria a substituiu em seu número de canto na ocasião.

A substituição deu o que falar na imprensa, que começava a promover a intriga de uma rivalidade entre Valéria e Rogéria, as travestis que mais se destacavam no elenco de "Les Girls".

"Para benefício do 'show' e o regozijo geral dos frequentadores, está havendo uma luta surda entre Rogéria e Valéria (a vedete e a cantora) pelo estrelato de 'Les Girls'.", afirmava Ney Machado em sua coluna no "Diário de Notícias", "Repete-se em outro local, com outro sexo, a luta de Emilinha e Marlene na Rádio Nacional. Cada uma quer brilhar mais do que a outra. Quando Valéria foi suspensa, Rogéria soltou mais brasa do que a Leopoldina.".

"Sou mulher, é?"

Quando João Roberto Kelly levou o cantor Cyro Monteiro para assistir "Les Girls", ouviu do amigo ao fim do show sua conclusão sobre tudo o que vira: "Grande golpe que vocês deram! Isso aí é tudo mulher. Eu conheço mulher.".

Diante da negativa de Kelly, Cyro o seguiu até o camarim ainda duvidando, com seu copo de uísque na mão.

Então Kelly chamou Carmen e explicou o caso. A travesti não teve dúvida – levou Cyro para um canto e disse: "Sou mulher, é?".

E, sem pudor, abaixou a calcinha diante do cantor: "E agora? Quer conferir as outras?".

Perplexo, Cyro virou em um só gole todo o uísque de seu copo e rapidamente saiu de perto, envergonhado pelo que considerava um equívoco imperdoável.

Também inesquecível foi a passagem dos famigerados membros do Clube dos Cafajestes pela Stop.

Quando o espetáculo terminou, os rapazes entraram no camarim e, de posse das perucas e das roupas do show, foram curtir a noite em outras boates travestidos.

Não teve outro jeito: Valéria e suas companheiras foram obrigadas a segui-los para recuperar seus pertences.

Em outra farra do elenco com os Cafajestes, no apartamento de Mariozinho de Oliveira – na época, namorado da atriz Ilka Soares – uma "viagem de avião" foi prometida para quem se saísse melhor desfilando.

Jerry Di Marco venceu o concurso e ganhou o surpreendente prêmio: a tal "viagem de avião" na verdade consistia em ser balançado no ar diretamente da cobertura do edifício, seguro apenas pelos braços dos Cafajestes.

"A bicha voltou da 'viagem' branca que nem uma folha de papel e muda!", se diverte Valéria.

ELAS faziam o espetáculo!

"Eles fazem o espetáculo" era o título da reportagem de quatro páginas ilustradas com fotografias coloridas que a revista "Manchete" publicou na edição de 20 de fevereiro de 1965 sobre "Les Girls", consagrando definitivamente o espetáculo e tornando sua repercussão nacional.

Contando que os inúmeros turistas que iam assistir "Les Girls" eram unânimes em afirmar que o espetáculo era bem superior ao da casa parisiense Chez Madame Arthur, a reportagem reservou duas páginas inteiras para mostrar Brigitte, Carmen, Nádia, Rogéria, Valéria e Marquesa de corpo inteiro vestidas com suas suntuosas roupas de cena.

Para o repórter, Francisco Bouzas deu sua versão de como teria surgido a ideia de investir em shows de travestis: ao topar com um turista francês embriagado na Avenida Atlântica, fora indagado a respeito de qual seria a versão carioca do Chez Madame Arthur.
Na época, não havia nenhuma, mas aquilo ficou em sua cabeça, resultando em "International Set".
Essa versão era bastante fantasiosa, já que todos sabiam que tinha sido Hugo de Freitas o mentor do primeiro show de travestis da boate Stop.

A reportagem caiu como uma bomba na vida profissional de Valter, que continuava trabalhando na Cosmos Engenharia.
Quando a revista saiu, temendo ser reconhecido vestido de mulher pelos colegas da empresa, que desconheciam sua vida paralela, Valter não teve coragem de voltar ao trabalho e simplesmente deixou de comparecer.

Dali em diante, nunca mais trabalharia fora do palco.

Com isso, mais um vínculo com sua vida pregressa era cortado e Valéria ganhava força, tomando cada vez mais o espaço de Valter.

"Daqui eles não saem, daqui ninguém os tira!"

No início de março de 1965, "Les Girls" continuava sendo o grande sucesso do momento na noite carioca.
Para se ter uma ideia, haviam reservas antecipadas para os quatro dias de Carnaval, garantindo a lotação da casa com turistas vindos de todos os cantos do Brasil e do exterior. Jorge Guinle, por exemplo, reservara uma mesa com dez lugares para a atriz austro-francesa Romy Schneider e sua comitiva.

Porém, foi impossível convencer o elenco a trabalhar naqueles dias.
"Todas estavam loucas para desfilar no Baile dos Enxutos.", contaria Ney Machado em sua coluna, "Bouzas ofereceu três vezes o salário e nada...".

Para Valéria, o Carnaval de 1965 ficou marcado principalmente por sua briga com a cantora Zilda do Zé no Baile do Recreio.
Sempre fiel a Emilinha Borba, ela pedia que a orquestra do baile tocasse a todo momento a marchinha defendida por seu ídolo naquele ano, o que aborreceu Zilda, que também estava na batalha para que sua própria marchinha fosse executada.
Segundo a "Revista do Rádio", a discussão resultou em "uma troca de palavras nada amáveis (e alguns tapas)".

Essa não foi a única vez que Valéria se indispôs contra outra artista por causa de Emilinha.

Em outro Carnaval, quando sua favorita estava na dúvida se defenderia a "Marcha do remador" ou "Cuidado, menina" – essa última composição de Dora Lopes – e Valéria a convenceu a investir na primeira, sua atitude também causara a fúria da compositora.
O caso rendeu tanto que, em 1965, quando sofreu um grave acidente de carro, Dora chegou a acusar Valéria de ter feito "uma macumba" contra ela por causa da confusão carnavalesca.

Passado o Carnaval, com seus bailes e desavenças, "Les Girls" chegou à sua centésima encenação em meados de março em apresentação exclusiva para a imprensa e amigos.

Apesar de todo esse sucesso, segundo Ney Machado, corria o boato de que Valéria, Rogéria, Jerry Di Marco, Marquesa e Nádia Kendall planejavam abandonar a Stop para tomar parte na próxima revista do Teatro Rival, na qual seriam apresentados como "Les Coccinelles Brésiliennes", o que jamais aconteceu.

"Mesmo que um outro empresário queira pagar um milhão pelo contrato dos travestis, eu não permitirei que eles se apresentem em outro local.", declarou Bouzas para Ney Machado, "São exclusivos da Stop. Aqui ficaram famosos e viraram atração turística, graças ao investimento que fiz no show e na casa. Ainda ontem, paguei dez milhões por cinquenta mil cartazes coloridos que mandarei colocar em todas as cidades do Brasil convidando o turista a visitar o Rio e, naturalmente, conhecer a Stop. Os meus contratados e os outros empresários que saibam de uma vez por todas: daqui eles não saem, daqui ninguém os tira.".

Uma nova "rebelião" aconteceu no início de maio, quando Valéria, Rogéria, Marquesa, Brigitte e Manon pretendiam se juntar a Hugo de Freitas e chegaram a assinar contrato com a boate Top Club. Porém, não consideraram que o contrato que tinham assinado com Bouzas previa que trabalhassem exclusivamente com ele até novembro de 1965. Portanto, tiveram que desistir da empreitada.

Embora um novo espetáculo escrito por Meira Guimarães e intitulado "As sete mulheres de Barba Azul" – no qual haveria uma amante equivalendo a cada mulher, o que garantiria catorze travestis em cena – fosse anunciado com alarde como o substituto de "Les Girls" no palco da Stop, Bouzas não queria mexer em um time que estava ganhando.
Pelo contrário: quando "Les Girls" completou seis meses em cartaz, "International Set" voltou à cena nas segundas-feiras "para matar a saudade".

Finalmente ARTISTA!

O aniversário de vinte e um anos de Valter foi comemorado com uma grande festa no apartamento de Tina Freire.

A bem da verdade, a festa não era para Valter, mas sim para Valéria.

Tanto assim que os convidados não eram seus familiares e os velhos amigos do subúrbio, mas um grupo estelar da Zona Sul carioca.

Compareceram, entre outros, Marivalda, Jorginho Guinle, Leny Andrade, Gina Le Feu, Mariozinho de Oliveira, Cauby Peixoto, Elza Soares, Zélia Martins, Moacyr Franco, Meira Guimarães e João Roberto Kelly, além – é claro – de todas as suas amigas travestis.

À meia-noite, a Cinderela moderna precisou abandonar sua festa, pois tinha que se apresentar na boate Stop logo mais.

Valter chegava à maioridade reconhecido como aquilo que sempre sonhara ser: era finalmente artista.

A maior prova disso é que naquele junho de 1965, tinha sua fotografia estampada nas concorridas páginas da "Revista do Rádio".

"Eles são elas: As 'bonecas' da noite" era o título da reportagem de quatro páginas sobre o elenco de "Les Girls", na qual Valéria aparecia de corpo inteiro.

Mentindo que seu nome verdadeiro era José Carlos Gonçalves, Valéria contou à "Revista do Rádio" que seu maior sonho era gravar um LP e aparecer na capa com roupas femininas.

Casos de polícia

Em certa noite de junho de 1965, um boliviano entrou na boate Stop no meio do espetáculo e protestou agressivamente contra o que estava sendo apresentado. Não podia compreender como a polícia permitia aquele "escândalo".
Ninguém deu muita trela a ele, que ficou tão irritado que atirou uma garrafa no palco. Mas errou o alvo e acertou a mesa de Julinho Pignatari, ferindo sua acompanhante.
O caso terminou com a prisão do boliviano e alguns milhares de cruzeiros de prejuízo para Bouzas por conta do quebra-quebra.
Para Carlos Gil, o boliviano queria mesmo é estar no palco.

Dias depois, "Les Girls" foi parar novamente nas páginas policiais.
Na verdade, apenas duas integrantes do elenco: Valéria e Rogéria.

"Rogéria e Valéria no xadrez: Queriam ser acadêmicos", dizia a manchete publicada no jornal carioca "Diário de Notícias".

Investigando um caso de roubo ocorrido em uma residência no Méier, a polícia chegou no nome do protético Dirceu Carvalho de Almeida, que foi preso e acabou confessando – entre outros delitos – ser falsificador de carteiras de estudante, emitidas para os cursos de Medicina, Engenharia e Arquitetura em nome de um estabelecimento fictício. Cada carteira de estudante custava três mil cruzeiros.

Entre seus numerosos clientes estavam, segundo o próprio Dirceu, as travestis Valéria e Rogéria.
Com Valéria, inclusive, ele garantia estar vivendo "um caso de amor".

"Cheguei para trabalhar e a polícia estava me esperando. Me levaram para o carro e Rogéria já estava lá dentro. Ela me disse que era por causa da carteira de estudante.", relembra Valéria, "Eu estava com a carteira. Enrolei e coloquei em um dos buraquinhos do interior do camburão. Rogéria também estava com a dela. Não sabia como dar sumiço nela... Enrolou, enrolou, enrolou e... Enfiou 'lá'.".

Em uma delegacia no Méier, Valéria e Rogéria foram confrontadas com Dirceu.
Quando os policiais mencionaram sua ligação amorosa com ele, Valéria "desabafou, assoando-se com um lencinho branco", segundo o "Diário de Notícias": "Eu, hein? Não quero nem ouvir falar desse homem. O que houve entre nós é coisa do passado...".

Inicialmente, elas negaram tudo, mas acabaram confessando, embora ainda se defendendo: "Tudo é pura perseguição da polícia. Nós compramos as carteirinhas sem nenhuma maldade... Apenas para entrarmos nos cinemas mais barato, como estudantes, só isso...".

O alarde em torno da história provava que Valéria e Rogéria já eram realmente famosas, pois certamente o caso passaria batido se não fossem elas suas protagonistas.
Apesar da fama, elas raramente eram reconhecidas nas ruas, já que ainda eram obrigadas a se vestir como homens fora dos palcos.

Muito além de "libélulas desvairadas":
belas, talentosas e um sucesso retumbante em São Paulo!

As apresentações de travestis em teatros eram proibidas em São Paulo no início dos anos 1960.
A responsável por mudar esse panorama e conseguir a liberação do gênero em terras paulistas foi a vedete Joana D'Arc, interessada no assunto enquanto empresária teatral.

Ao longo de toda a temporada carioca de "Les Girls", Bouzas recebeu inúmeros convites para levar o espetáculo para São Paulo.
A censura paulista, porém, não estava facilitando o negócio. Segundo o "Diário Carioca", a dificuldade advinha do fato de que "os espetáculos do gênero anteriormente apresentados na capital bandeirante primaram pelo alto índice de grossura".

Finalmente, Bouzas conseguiu fechar contrato com as boates paulistas Oásis – uma cave situada na esquina da Rua Sete de Abril com a Avenida Ipiranga, onde já tinham se apresentado grandes nomes como Caterina Valente, Charles Aznavour e Elis Regina – e Ela, Cravo e Canela – também no centro da cidade – para apresentar em seus palcos, respectivamente, com o mesmo elenco, "Les Girls" e "International Set".

"Les Girls" deixava o Rio de Janeiro com grande prestígio depois de uma longa temporada de sete meses de casa cheia. Para se ter uma ideia de como "Les Girls" mudou a visão do público – e dos empresários da noite – sobre aquele gênero de espetáculo, basta ler um texto do jornalista Mister Eco publicado em sua coluna no "Diário Carioca" sob o título "O apogeu das libélulas desvairadas" no início de julho de 1965.

"O começo foi na boate Stop, localizada numa galeria de má fama em Copacabana, de instalações precárias e propriedade de um cavalheiro espanhol que, pela súbita e perene abastança, já está adquirindo até bons modos. Os produtores de espetáculos da madrugada sorriram descrentes e, no fundo, com uma certa esperança de que o setor especializado da polícia não desse permissão. Mas deu. O espetáculo foi encenado e, há sete meses, está em cartaz, de casa cheia todas as noites, faturando milhões, em meio à crise reinante.
Dizem-no melhor que os melhores já feitos nas grandes capitais do mundo. O chamado terceiro sexo havia encontrado, finalmente, a sonhada oportunidade de mostrar as suas artes além dos efêmeros desfiles carnavalescos. E conquanto pareça incrível, quando tanto se fala de turismo, mas nada de positivo se realiza, o show dos travestis passa a ser a grande atração turística, interna e externa. Outros donos de boate, então, e por motivos óbvios, ficaram assanhadíssimos com o achado. E as libélulas desvairadas – claro – mais ainda.
O que era visto e comentado em tom zombeteiro agora é encarado como um dos negócios mais sérios e rendosos. Outras boates se aprestam para entrar na concorrência, outros espetáculos se preparam e nunca as libélulas foram tão cortejadas para a organização de elencos. (...) Não há dúvida de que os travestidos estão na ordem do dia – ou melhor, da noite – e não se estranhe se hora dessas surgir um espetáculo integrado exclusivamente pelas mais desleais concorrentes do homem."

Os últimos três dias de "Les Girls" no Rio de Janeiro confirmaram as impressões de Mister Eco: enquanto na boate Alcatraz apenas três casais assistiam a um show de travestis recém-estreado, a Stop estava tão lotada que não havia espaço nem para assistir ao espetáculo em pé.

A estreia do elenco da Stop em São Paulo ocorreu no dia 14 de julho de 1965 – à meia-noite na Ela, Cravo e Canela e às duas da manhã na Oásis.
O sucesso foi retumbante!

No final da primeira apresentação de "International Set", mais de cem pessoas se comprimiam atirando flores sobre o palco, gritando e pedindo bis.
Em seguida, na Oásis, era impossível andar pelo salão. Até os garçons foram obrigados a parar de servir devido ao congestionamento geral.

O prestigiado colunista paulista Mattos Pacheco não aguentou e foi questionar seu colega carioca Ney Machado no meio do show, quando Valéria cantava: "Assim não vale. Vocês botaram um enxerto no show de travestis.".
Ele não podia acreditar que fosse um homem cantando.
Foi preciso que Ney o levasse ao camarim depois da apresentação para que ele conferisse de perto e concluísse por si mesmo.

O próprio Eduardo Antonelli, o dono da boate Oásis, confessou que "jamais vira enchente e entusiasmo igual" ali e decretou: "Se os empresários quiserem, rasgo o contrato de duas semanas e assino um de dois meses.".

Duas semanas depois, o entusiasmo de Antonelli era ainda maior e ele declarou ao jornalista Egas Muniz: "Pela primeira vez, tenho a minha boate lotada durante tantos dias.".

A temporada paulista foi prorrogada e a estreia de um novo texto de Meira Guimarães – "As Cortesãs" – com o mesmo elenco, que deveria acontecer na Stop em meados de agosto, foi adiada.

Um mês depois da estreia do grupo em São Paulo, os contratos com a Oásis e a Ela, Cravo e Canela foram renovados pela terceira vez, financeiramente ainda mais vantajosos.

Era a primeira viagem de Valéria para fora do estado do Rio de Janeiro.
Para quem viajava pela primeira vez, aquele início não era nada mal: hospedada em um apartamento individual num apart-hotel localizado na Rua Senador Queirós, Valéria tinha a cidade a seus pés: "São Paulo nos recebeu de braços abertos. O sucesso foi impressionante – talvez maior do que no Rio. A Oásis não era pequena como a Stop. Era grande, maravilhosa. A alta sociedade inteira de São Paulo ia nos ver. Tinha fila para entrar. Ia até radiopatrulha na porta para organizar.".

O grupo de travestis rapidamente caiu nas graças do costureiro Dener, presente na plateia desde a estreia.
Certa vez, impedido de entrar no camarim para falar com suas novas amigas – que se preparavam para entrar em cena – ele ficou furioso, bradando do lado de fora: "Quem estão pensando que são? Maria Callas?".

Entusiasmado com tanto sucesso, entre uma baforada de charuto e outra, Bouzas confessou ao jornalista Efe Pinto que "não queria mais saber de mulher, porque o que fatura é 'homem'".

BRIGITTE

VALÉRIA

MARQUÊSA

JEAN JACQUES

ROGÉRIA

CARMEN

CARLOS GIL

JERRY DI MARCO
Participação especial

LUIZ CARLOS DE MORAES
Ator convidado

MANON

Francisco Bouzas

apresenta

"LES GIRLS"

no

Teatro Esplanada

DISTRIBUIÇÃO GRÁTIS — OUTUBRO-1965

"Les Girls" chega ao teatro!

Apesar da insistência dos empresários paulistas, Bouzas não pôde permitir que seu elenco permanecesse em São Paulo, pois, a essas alturas, sua casa na Galeria Alaska já permanecia fechada há mais de quarenta dias.
Assim, no dia 25 de agosto de 1965, "Les Girls" voltava ao palco da boate Stop.
Essa segunda temporada no Rio de Janeiro não durou muito.

Já no início de outubro, o espetáculo retornou a São Paulo, onde, pela primeira vez, "Les Girls" foi apresentado em um teatro – o Esplanada – e não em uma boate.

Com o elenco reduzido depois da saída de Nádia, Wanda e Jardel Mello – que foi substituído em seu papel por Luiz Carlos de Moraes – "Les Girls" também foi levado a outras praças paulistas.

Reproduzimos aqui o relato de Stanislaw Ponte Preta publicado em sua coluna na edição carioca do jornal "Última Hora" sobre a enorme confusão que o espetáculo gerou no meio político local quando estava prestes a ser apresentado em Santos.

"Na Câmara Municipal de Santos, um vereador apresentou requerimento pedindo às autoridades para proibirem o espetáculo de travestis intitulado 'Les Girls'. Ah, meu compadre, para quê? Deu o maior bode e a sessão dos edis quase termina em grande festival de bolacha, porque uns ficaram a favor, achando que o espetáculo é um deboche, e outros ficaram contra, afirmando que a proibição era prova de atraso. O vereador Dirceu Lima, que é um cobra no judô (e era a favor do rebolado das bichas) queimou-se na parada e chamou todo mundo para ir brigar lá fora. A turma do 'deixa disso' teve enorme trabalho e um dos travestis, que disse ter assistido aos debates das galerias, falava depois aos repórteres: 'Que horror! Eu nunca tinha visto tanta violência. Eu estava vendo a hora que eu ia ter um troço.'."

Apesar de todo o sucesso que alcançaram, o preconceito contra as travestis de "Les Girls" também era forte e ia além das piadas de praxe.
Quando uma peruca desapareceu da bagagem de Brigitte em um ônibus que fazia o percurso de São Paulo para o Rio de Janeiro e ela pediu providências à polícia, o caso foi noticiado no programa "Patrulha da Cidade", na Rádio Tupi.
Depois de noticiar o caso, o apresentador do programa fez o seguinte comentário: "O comissário, em vez de registrar a queixa, deveria ter arrebentado o queixoso a borrachadas e o metido no xadrez, para que tais fatos não tornem a acontecer.".

A "voz-do-meio"

No início de agosto de 1965, em meio à primeira temporada paulista do grupo, Valéria foi convidada pela gravadora Mocambo para gravar um disco compacto simples.

O disco foi gravado em São Paulo e foi lançado em meados de outubro, ainda na esteira do sucesso de "Les Girls", sob o apelativo título "Valéria, o Travesti".

Na capa, duas fotografias lado a lado: uma de Valéria, de vestido e peruca, e outra de Valter, "à paisana".

O compacto continha duas gravações: a primeira, intitulada "Seleção de sambas", trazia um pot-pourri formado por sucessos da época – "Na cadência do samba", "Acender as velas", "Vou andar por aí", "A felicidade", "Opinião", "O sol nascerá", "A fonte secou" e "Leilão". A outra era "Rancho da Praça Onze", que Valéria já cantava em "Les Girls". Detalhe: essa gravação é considerada por seu autor, João Roberto Kelly, a melhor da marcha-rancho.

"O disco era vendido durante o espetáculo. Tinha em algumas lojas, mas eu não podia divulgar.", recorda Valéria, que na época – assim como suas colegas travestis – era proibida de participar de programas de televisão.

A crítica especializada ignorou o compacto de Valéria. A exceção foi Oswaldo Miranda, em sua coluna "Visto e ouvido", publicada no carioca "Jornal do Comércio", cujo parecer reproduzimos a seguir.

"Há um compacto simples da Mocambo sobremodo curioso. Valéria, o travesti que se apresentou, dizem, com sucesso em 'Les Girls' e 'International Set', deu de perpetuar sua estranha voz em disco. (...)
Seu curioso timbre teria de ser, fatalmente, um indefinido, um som que se perdeu entre a voz do homem e a voz da mulher. Defende-se bem, com uns erres guturais muito mais acentuados do que os de Helena de Lima. Se alguém pesquisa e procura um timbre de voz sofrida, voz que esconde algo assim como uma frustração sentimental, eu diria que a descoberta está feita.
Não poderá ser feliz um ser que não conseguiu encontrar os dois únicos e fatais caminhos da vida.
Valéria – ou melhor, o cidadão Valter Fernandez Gonzalez – teria sido lançado pelo destino naquela tênue linha divisória da formação humana e parece realizar-se apenas quando metido no rico vestido de gala, exibindo espetacular peruca, lindas joias, plumas, e deixando por onde passe os restos dos perfumes franceses que borrifou por sobre a pele delicada...
(...)
Hoje os chamados travestidos proliferam. São inofensivos, têm seus grupos, fazem o sucesso das bilheterias de teatros e boates e, como Valéria, o outro nome de Valter, perpetuam até suas vozes exóticas no vinilite de um disco.
Ouçam o compacto apenas como uma curiosidade e observem como é misteriosamente enigmática a 'voz-do-meio'."

Importante observar que os preconceitos do próprio crítico em relação ao fato de Valéria ser uma travesti são colocados à frente da análise puramente artística de seu produto.
Ao comentar o disco, ele destaca tanto elementos de sua vida pessoal que termina por falar pouco das gravações – sendo, inclusive, bastante agressivo em suas colocações.

A semelhança da voz de Valéria com as de Helena de Lima e Elizeth Cardoso era tanta que, em certa feita, uma rádio carioca lançou o seguinte desafio aos ouvintes: quem identificasse de quem era a voz do compacto ganharia um aparelho de televisão.
Para isso, era necessário enviar uma carta ao programa.
Centenas de cartas com os nomes de Helena e Elizeth chegaram à emissora.
A própria progenitora de Valéria, Isolina, tentou participar do concurso, indo pessoalmente à rádio.
Mas, para sua frustração, só eram aceitas as tentativas feitas através de cartas e ela não ganhou o aparelho.

Evoluções, revoluções e involuções de um espetáculo "Les Girls": de comédia musical a show de variedades

Depois de São Paulo, Francisco Bouzas e suas estrelas partiram para o Paraná.

Não se sabe bem o motivo, mas o fato é que, no início de dezembro de 1965, em Londrina, o empresário rompeu com seu elenco e regressou ao Rio de Janeiro, levando consigo mais de quatro milhões de cruzeiros e deixando para trás uma dívida de mais de um milhão e meio de cruzeiros de salários atrasados com cada artista.

Com a partida de Bouzas, Carlos Gil – que era o mais velho do grupo – tomou as rédeas do espetáculo.

Ainda em Londrina, a trupe teve que deixar o hotel em que estava até então – onde também se encontrava a vedete Mara Rúbia, com quem o grupo jantava todas as noites ouvindo histórias dos bastidores do teatro de revista – e passou a se apresentar em bordéis para ganhar dinheiro para voltar a São Paulo.

"Londrina naqueles anos era um bordel a céu aberto.", relembra Valéria, "Nós ficamos nos quartos dos fundos de um bordel e as putas também moravam lá. Era maravilhoso. Nós trepávamos com os cafetões das mulheres. Um deles era o mais cobiçado... Todas nós estávamos de olho... Não sei quem foi a felizarda! Mas era uma briga... Divertidíssimo! Iam muitos homens milionários naquelas boates, que ficavam em lugares meio afastados... Era puteiro mesmo. Com música ao vivo... Adorei essa fase!".

"Certa vez, tive que fugir pela janela do quarto porque estava com o cafetão de uma delas e fomos flagrados! Passei um bom tempo temendo que ela quisesse se vingar e me desse uma surra!", continua, "Apesar disso, éramos muito bem tratadas pelas mulheres da casa... Acontece que bicha não pode ver bofe – a carne é mais fraca!".

Fora do palco e da cama, a noite sempre terminava no centro boêmio de Londrina, em uma rua lotada por restaurantes e bares com mesas nas calçadas – e muita gente, é claro – onde a farra seguia até o sol nascer: "E pensar que nessa época eu não bebia nem fumava!", comenta Valéria.

Trabalhando como uma cooperativa e dividindo igualmente os lucros dos shows, o grupo seguiu para outras cidades da região.

Quando finalmente conseguiram chegar em São Paulo, as travestis arrendaram o Teatro Natal para uma temporada.

A partir daí, "Les Girls" deixou de ser o texto original de Meira Guimarães e se tornou o título de um espetáculo de variedades genérico, no qual cada travesti fazia o que sabia.
Não demorou, inclusive, para que os shows intitulados "Les Girls" se multiplicassem e fossem apresentados simultaneamente em diferentes estados com elencos variados, sem qualquer compromisso com o texto original.

Em março de 1966, com um novo tratamento, o texto de Meira Guimarães foi encenado no Teatro Dulcina, no Rio de Janeiro, com o título "Les Girls em op-art".
Entre os nomes desse elenco, inteiramente renovado, o grande destaque era a travesti Jane Di Castro, conhecida então apenas como Jane.

"Antes disso, eu e Jane estudamos na mesma época no Colégio Brasília.", conta Valéria, "Mas a gente não se falava... Só nos olhávamos de longe. Uma sozinha já dava pinta, era difícil passar batida... Imagina então as duas juntas! Só me aproximei de Jane anos mais tarde, quando passei a frequentar o Salão Rio, onde ela trabalhava, e nos tornamos amigas.".

Jane Di Castro

Do Teatro Natal, Valéria e seus companheiros passaram a se apresentar em diversas boates paulistas.
Em uma delas, a Michel, Valéria se apaixonou pelo barman da casa.

"Não tive nenhum relacionamento fixo nessa época. Era sempre namorico de passagem.", afirma a artista, "Haviam homens apaixonados por mim. Porém, casados. Então eu não podia aparecer muito com eles. Com esses homens, eu estava sempre como Valéria, nunca como Valter. Mesmo vestido como Valter, eu me sentia e eles me tratavam como Valéria."

Um dos romances desse período foi com um dos censores incumbidos de liberar "Les Girls" em São Paulo.

Em meados de 1966, Valéria recebeu uma proposta para se apresentar sozinha em uma boate paulista.
Carlos Gil não gostou e não deu sua permissão.

"Eu não tinha contrato com ele e disse que ia.", conta Valéria, "Eu queria levar meu vestuário e ele não deixou. Nos atracamos no Teatro das Nações. Carlos Gil resolvia tudo na porrada, sempre gritando. Levei o que pude e fui fazer meu show sozinha. Nem a peruca ele me deixou levar.".

Chorosa e desprovida de seus pertences de cena, ela chegou na boate La Vie en Rose sem saber como faria seu show.
Quem a salvou foi a vedete Judith Barbosa, que emprestou uma peruca para que Valéria pudesse se apresentar.

Nos meses que seguiram, enquanto Valéria se firmava como cantora na noite paulistana, o elenco de "Les Girls", cada vez mais desfalcado, viajou para Porto Alegre, onde perdeu mais uma de suas estrelas: atendendo a um convite de Carlos Machado para estrelar uma revista, Rogéria voltou para o Rio de Janeiro.

Cartaz internacional: "Les Girls" no Uruguai

No final de junho de 1966, em Pelotas, Carlos Gil assinou um contrato para levar "Les Girls" para Montevidéu e Buenos Aires.

Porém, quando o contratante chegou na cidade para buscar a trupe, ficou decepcionado com a ausência de Valéria e Rogéria, que ele vira em São Paulo, e ameaçou rescindir o contrato.

Por conta disso, Carlos Gil foi obrigado a fazer as pazes com Valéria, que aceitou reingressar no grupo, entusiasmada com a possibilidade de se tornar um cartaz internacional.

A primeira parada foi em Punta del Este, onde se apresentaram no antigo hotel-cassino Miguez, cuja sala de jogos já estava desativada, e na boate 007, na zona portuária.

Em Montevidéu, a trupe apresentava "Les Girls" no Teatro Stella D'Itália e "International Set" na boate Bonanza.

Mas não foi fácil obter a autorização necessária para que o grupo pudesse se apresentar, recorda Valéria: "Eles não liberavam por sermos travestis. Uma das pessoas que levaram o espetáculo para lá era um grande ator cômico, Cacho de la Cruz. Ele teve a ideia de convidar as esposas dos censores para um espetáculo exclusivo. As mulheres foram, ficaram encantadas e convenceram seus maridos a assinarem a autorização.".

O sucesso foi tanto que a estreia em Buenos Aires foi adiada e a temporada uruguaia prorrogada: "Foi uma comoção tão grande que as pessoas saíam pela janela do teatro. Nós saíamos com seguranças e todos queriam nos ver. Íamos direto para a boate Bonanza. Eles tinham que fechar a porta corrediça, de ferro, porque já não entrava mais ninguém. O público lotava a casa.".

Mais uma vez, uma temporada que devia durar apenas duas semanas acabou durando muito mais tempo e a trupe permaneceu em cartaz em Montevidéu por dois meses.

Um dos responsáveis pela divulgação do grupo brasileiro em Montevidéu era um personagem famoso no Uruguai: Fosforito – nas palavras de Valéria, "um velhinho que fazia publicidade na rua, como homem-sanduíche, usando cartola e roupas extravagantes".
"Fosforito tocava castanholas com dois ossos.", recorda Valéria, "Era um personagem folclórico da cidade, um ícone da cultura local. Uma espécie de Charles Chaplin 'de rua'. Depois me tornei amiga de seu filho, o fotógrafo Sergio Rezzano.".

Rogéria e Brigitte foram substituídas pelas travestis Lorena e Sophia La Petite – essa última uma baiana que vivia no Rio de Janeiro.

"Sophia foi a primeira que tomou hormônio e o peito começou a crescer.", relembra Valéria, "Então a gente evitava Sophia. Tínhamos vergonha, pois quando ela usava blusinha, aparecia o peitinho. Mas logo depois todas nós começamos a tomar.".

Todas as integrantes do elenco tinham seus namorados em Montevidéu – o de Valéria, hoje um renomado pintor uruguaio, costumava tocar violão e cantar "Yesterday" para ela.

Outro homem foi o pivô de uma terrível briga entre Valéria e Lorena depois que a primeira foi flagrada em um restaurante com o namorado da segunda: "Lorena era muito bonita e talentosa, mas tinha um temperamento terrível! Ela dava surras homéricas em seu pai e sua empregada. Para enfrentá-la, tinha que ser com garrafa na mão. Fiquei com muito medo de reencontrá-la no teatro depois. Quando cheguei no camarim, aquele silêncio! Ninguém dizia nada. Todas já sabiam. Mas Carlos Gil avisou: 'Não quero briga aqui!'. Lorena respeitou e o mal-estar entre nós acabou passando naturalmente, sem maiores consequências.".

Em outubro de 1966, a trupe voltou para o Brasil, mas Valéria ficou: "Eu fui a figura do elenco que mais se sobressaiu. Então sabia que teria trabalho para me manter sozinha lá, ganhando muito mais do que com o grupo.".

Dessa vez, definitivamente, chegava ao fim a fase "Les Girls" na vida de Valéria.

O primeiro e grande amor

"Trabalhando sozinha em Montevidéu, conheci o primeiro e verdadeiro grande amor da minha vida: um uruguaio chamado Daniel.", rememora Valéria.

Foi em 1967, quando ela estava em cartaz na boate Barmo Club, na Calle Cuareim, na qual Daniel era o DJ.
"Fiz várias temporadas na Barmo Club, onde atuavam grandes cartazes como Cacho de la Cruz e Rubén Rada.", conta Valéria.

Daniel se dividia entre dois empregos: à tarde, atuava como câmera em um canal de televisão e à noite, trabalhava na boate. Mais tarde, se tornaria crupiê em cassinos locais.

Tudo aconteceu muito rápido: o primeiro encontro, o primeiro jantar e, por fim, a locação de um apartamento, no qual foram morar juntos.

"E pensar que naquela época, em que um relacionamento entre duas pessoas do mesmo sexo era muito mais difícil do que hoje, a nossa relação era encarada naturalmente por todo mundo.", reflete, "E pensar que eu não frequentava nem vivia em um ambiente gay. Porém, nosso romance era tido como normal pelas pessoas. Porque já me chamavam de Valéria, então não chocava.".

"Daniel era discreto, másculo e tínhamos a mesma idade. Ele me fazia me sentir feminina, amada, protegida. Foi um companheiro maravilhoso.", recorda, "Durante o tempo em que estivemos juntos, vivemos totalmente um para o outro. Eu não dormia sem ele chegar em casa. Não comíamos sem o outro estar junto.".

O casamento com Daniel durou cerca de dois anos.

Uma estrela brasileira em Montevidéu

Por essa época, Valéria participou de um importante festival uruguaio de música, realizado em Piriápolis.
Na verdade, Valter: "Eu, ainda de homenzinho, cantei 'Sin rancor', de Beto Triunfo, grande músico e compositor uruguaio.".

Em seus shows em Montevidéu, Valéria colaborou bastante para a popularização da música brasileira no país.
Duas canções, em especial, marcaram época em sua voz: "Coração de papel" e "Meu grito".

"Os artistas brasileiros quase não atuavam lá.", explica, "Tanto que muita gente ouvia Maria Bethânia cantando em disco e achava que era eu.".

"Meu grito", que fez sucesso no Brasil na voz de Agnaldo Timóteo, era uma composição do único nome brasileiro realmente conhecido no Uruguai além de Valéria: Roberto Carlos.

Quando Roberto esteve no Uruguai para gravar um programa especial para a TV Monte Carlo, recém-chegado do Festival de San Remo, Valéria foi cumprimentá-lo.

Naquela noite, o cantor e seu conjunto, o RC7, foram conferir o show de Valéria em uma boate e entraram na casa gritando: "Valerinha! Valerinha!".
Após a apresentação, todos foram ao camarim e a farra foi grande, com direito a muitas fotografias e brincadeiras: "Foi uma noite do barulho!".
Vale dizer que o entusiasmo do grupo foi além do final do show.

Outro brasileiro frequentador das noites de Montevidéu era o ex-Presidente do Brasil João Goulart, o Jango, então exilado no Uruguai.
Jango assistiu a um show de Valéria na época: "Eu brinquei durante o show, chamando ele de 'meu presidente'... Depois fui convidada para sentar em sua mesa. Tomamos alguns drinques e falamos de amigos em comum, sobretudo Sônia Dutra, namorada de outro exilado no país, Leonel Brizola. Por fim, ele me convidou para um churrasco em sua fazenda em Maldonado no dia seguinte. Mas não fui... Era muito longe e eu estava acostumada a dormir até tarde. Além disso, teria que voltar para trabalhar à noite. Mas eu adorava o Jango... Achava lindo e sexy!".

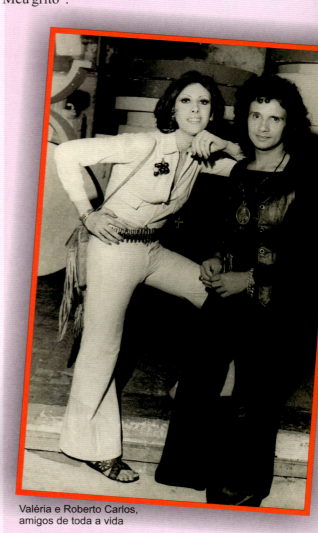

Valéria e Roberto Carlos,
amigos de toda a vida

Conquistando a América do Sul

No período em que estava casada com Daniel, Valéria costumava fazer pequenas temporadas em Porto Alegre e Buenos Aires para não ficar desgastada na praça uruguaia.

Em uma dessas estadas na capital gaúcha, reencontrou Dalva de Oliveira: "Dalva estava cantando em um cabaré fuleiro, no porto, e tinha bebido muito. Deixei ela no hotel. No dia seguinte, voltei lá e a encontrei ainda meio dormindo, com um copo de água e uma maçã mordida na cabeceira da cama. Estava preocupada, esperando desde cedo o empresário que prometera passar para pagar o cachê dela e não tinha aparecido. Na época, eu não tinha dinheiro para comprar uma passagem de avião. Então comprei uma passagem de ônibus para ela viajar para São Paulo. Eu adorava Dalva!".

Valéria sonhava criar um campo de trabalho em Buenos Aires, mas a ditadura argentina era muito severa.

Na primeira vez que esteve na capital portenha, conseguiu passar despercebida vestida de mulher por desembarcar na cidade acompanhada pelo grupo uruguaio Bafo da Onça, composto por mulatas e batuqueiros brasileiros.
O grupo já saiu do navio batucando e dançando e ninguém notou que havia uma travesti entre eles.
Nessa temporada, os shows de Valéria com o Bafo da Onça aconteceram em palcos armados em estádios de futebol. Johnny Hallyday e Raffaella Carrà também participavam de alguns desses espetáculos.

Em outra passagem por Buenos Aires, ela ficou em cartaz na boate Palladium, na qual seu nome não constava na "cartelera". Caso chegasse algum censor, deveria dizer que estava apenas de passagem, dando uma canja, para que os donos da casa não tivessem problemas.

Em seguida, passou a trabalhar no extinto Teatro Florida, em um espetáculo que começava ao meio-dia e terminava à meia-noite. Várias atrações passavam pelo palco e Valéria entrava pelo menos três vezes todos os dias.
Novamente, seu nome não podia ser anunciado na divulgação do show.

Em maio de 1969, mais um país da América do Sul foi conquistado por Valéria: o Chile, onde, contratada pelo empresário Buddy Day, ela era a principal vedete de uma revista que tinha como atração especial a cantora peruana Fetiche no famoso teatro Bim Bam Bum, em Santiago.

"Fetiche foi uma das cantoras de bolero mais maravilhosas que vi em toda a minha vida.", conta Valéria, "Ficamos amigas e circulamos juntas por toda a cidade. Aprendi muita coisa com ela no palco. Acho que até hoje trago alguns tiques dela nas minhas apresentações. De repente, em meio a um movimento qualquer, flagro a influência de Fetiche, me vem ela... Era uma mulher forte, de personalidade.".

Foi na capital chilena que o relacionamento de Valéria com Daniel chegou ao fim.

"Terminamos porque ele não era homossexual e queria ter filhos, uma família – e não seria comigo.", relembra, "Daniel conheceu uma modelo que trabalhava na televisão e eles começaram a sair, sem que eu soubesse... Quando descobri, a coisa já estava adiantada entre eles. Então terminamos.".

Ainda muito apaixonada, Valéria não queria regressar a Montevidéu, pois soubera que Daniel já estava noivo e ia se casar com a modelo.
Então, do Chile, decidiu voltar direto para o Brasil.

Em São Paulo, ela ficou por algum tempo em cartaz na boate Michel, mas tinha planos maiores – bem maiores: depois da América do Sul, seria a vez de conquistar a Europa.

Barcelona de Noche

Foi na casa da cantora Isaurinha Garcia, nas proximidades do Aeroporto de Congonhas, que, no dia 20 de julho de 1969, Valéria assistiu a chegada do homem na lua.

"Estávamos eu, Isaurinha e o nosso empresário Fernando Teixeira. Enquanto aguardávamos a transmissão, ouvimos o disco mais recente dela, com músicas de Chico Buarque. E, como não podia deixar de ser, ela falou de Walter Wanderley o tempo todo.", relembra, "Depois saímos para fora para tentar ver algum homem na lua... Como não vimos nada, achamos que era tudo mentira... Que não tinha descido nenhum homem lá.".

Poucas semanas depois, Valéria embarcava para a Europa pela primeira vez.
Incentivada por seu ex-companheiro de "Les Girls" Jean Jacques – que achava que ela seria um sucesso nos palcos da Espanha – partia só com passagem de ida: "Eu não tinha nem passagem para voltar. Fui contando que ia trabalhar e ganhar dinheiro lá.".

Jean Jacques estava em Barcelona há alguns meses, trabalhando em uma casa chamada Gambrinus, na qual estava sendo apresentado, com grande sucesso, um show de travestis.
Em conversa com o Sr. Rocamora, o dono da casa, Jean falara de Valéria com tanto entusiasmo que o proprietário prometera contratá-la se ela fosse até Barcelona.
O que Valéria não imaginava é que todo e qualquer tipo de espetáculo envolvendo travestis fora proibido na Espanha – então dominada por Franco – justamente por aqueles dias e a Gambrinus fora fechada.
Jean até tentou avisá-la e enviou um telegrama – que ela jamais recebeu.

Animada com o convite e disposta a esquecer Daniel, Valéria chegou em Barcelona sem imaginar o cenário que encontraria, totalmente inóspito para seu gênero artístico.
Quando Jean foi chamado à recepção do hotel em que vivia para receber sua conterrânea, entrou em desespero: "Ele veio com a mão na cabeça, exagerado: 'Meu Deus! Meu Deus! Você não recebeu o telegrama?'.".
"Jean também estava sem trabalho. E o que eu podia fazer? Eu não tinha como voltar. Tinha que trabalhar, nem que fosse na cozinha – na qual, diga-se de passagem, sempre fui muito boa.", recorda Valéria.

Apresentada ao Sr. Rocamora, que era dono de outras casas de diversões além da Gambrinus, Valéria foi convidada para fazer um teste em um desses locais – porém, com uma condição: teria que cantar como Valter, usando roupas masculinas.
Não era um grande sacrifício, já que Valéria só existia nos palcos e vivia como homem no resto do tempo, pelo menos em seus trajes. Mas, decididamente, não era o que ela queria para si artisticamente depois de cinco anos se apresentando como travesti.

O Sr. Rocamora lhe pediu que fosse assistir ao espetáculo da noite em uma de suas casas, a Paname, nas Ramblas. Valter seria apresentado como um artista brasileiro de passagem pela cidade e subiria no palco para cantar uma música. Se agradasse, seria contratado.
"Ensaiei com os músicos uma canção brasileira. Quando acabei de cantar e cheguei na coxia, ele me disse que eu teria trabalho por seis meses, começando no dia seguinte, já como atração da casa.", relembra.

Percebendo sua insatisfação por ter que se apresentar como homem, o Sr. Rocamora pediu que tivesse um pouco de paciência: em breve, montaria uma revista em outra de suas casas – a Barcelona de Noche – e acreditava que apenas uma travesti entre muitos outros artistas passaria despercebida pela censura franquista.

Três meses depois, a revista – intitulada "Las locuras de Nerón" – estreava, com Valéria no papel de Pompeia.

Nesse período, ela já dividia um apartamento alugado com a artista brasileira Almira Castilho, recém-separada do cantor Jackson do Pandeiro.

Almira se apresentava na noite catalã trajando um sumário biquíni de plumas amarelas e cantando "Deixa isso pra lá", sucesso no Brasil na voz de Jair Rodrigues.
"Foi uma surpresa para mim, que sempre via Almira fazendo 'a caipira' na Rádio Nacional e não imaginava que ela fazia número frívolo.", conta Valéria.

A senhora que alugava o apartamento para elas se chamava Carmen e também era artista, especialista em números com letras picantes.

"Mesmo com Franco no poder, Barcelona era uma loucura!", rememora Valéria, "Você via mulheres maravilhosas maquiadas indo de uma casa para a outra, os restaurantes cheios, muitos shows... Era sensacional!".

Foi quando chegou em Barcelona Coccinelle, que tinha permissão para trabalhar na Espanha porque já era oficialmente – em seus documentos – uma mulher.

Ao saber que havia uma travesti trabalhando na cidade, ela ficou curiosa e fez questão de conhecê-la, comparecendo a uma sessão de "Las locuras de Nerón".

Ao fim do espetáculo, Valéria foi à sua mesa e se apresentou.

Nesse encontro, Coccinelle sugeriu que ela fosse para Paris, onde poderia trabalhar e viver como queria.

Mais do que um conselho, lhe deu também uma carta de recomendação dirigida ao Carrousel de Paris e disse que ao chegar lá, deveria procurar por Lola Chanel, uma travesti espanhola que era muito sua amiga, "como uma irmã".

Chegar ao palco do Carrousel de Paris era o sonho de qualquer artista travesti do mundo naquele início de 1970.

Valéria avisou o diretor que abandonaria a revista. Mas ele se negou a dispensá-la, alertando que – caso isso ocorresse – ela não poderia mais trabalhar em território espanhol.

Convencida de que era isso mesmo que queria, Valéria não se abateu: sentindo-se uma fugitiva, embarcou em um trem e seguiu rumo a Paris.

Chegar ao palco do Carrousel de Paris era o sonho de qualquer artista travesti do mundo naquele início de 1970.

Carrousel de Paris

"Atravessei toda a viagem de trem da Espanha para a França debaixo de neve.", conta Valéria, "Eu usava um casaco maxi de veludo. Cheguei em Paris ainda meio tubarão meio sereia. Em Barcelona, eu não vivia totalmente de mulher – nem podia.".

Sozinha e sem falar francês, ela desembarcou na Cidade Luz por volta do meio-dia e tomou um táxi direto para o único endereço que tinha: o Carrousel de Paris.
A casa estava fechada naquele horário e Valéria se hospedou em um hotel na mesma calçada.

Como não sabia perguntar a hora por telefone, passou o resto do dia descendo e subindo os quatro andares da escada de madeira do hotel para olhar o relógio na recepção, ansiosa pela chegada da noite.

Quando finalmente o Carrousel abriu e Valéria viu as fotografias de suas estrelas nos cartazes da entrada, ficou impressionada com a beleza de todas e também receosa de que não tivesse chance ali.
Mas já estava em Paris e, com a cara e a coragem, procurou por Lola Chanel, a veterana espanhola indicada por Coccinelle.

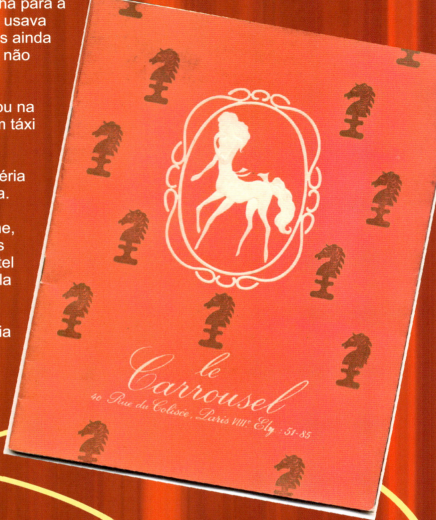

Bambi

Coccinelle

"Lola fazia um dos melhores stripteases que já vi... E tinha os maiores peitos que eu tinha visto até então.", recorda, "Acho que ela colocou silicone em Hong Kong – o que não era muito comum na época. Quando tirava o sutiã, a plateia fazia: 'Ah!'. Lola era muito querida por todos. Tinha um humor maravilhoso.".

A simpatia foi recíproca entre ambas e Lola a apresentou para Marcel Ouizman, o proprietário do Carrousel, que propôs que Valéria voltasse na noite seguinte e apresentasse um número.

"Durante o espetáculo, as artistas se apresentavam diante de uma cortina, fazendo dublagens e números eróticos. Havia uma banda, mas ela pouco era usada.", explica Valéria, "Quando fiz meu teste, cantei 'Reza' e 'Chove chuva' acompanhada pela banda. Então fui contratada para começar no dia seguinte.".

Cantando músicas brasileiras, italianas e francesas, Valéria rapidamente se tornou uma das grandes atrações da casa.

Ela não era a primeira brasileira contratada por Marcel.
Em meados dos anos 1960, a travesti Daloá – que chegou em Paris ainda como Waldir da Conceição, bailarino da trupe de Mercedes Baptista – também causara furor na Cidade Luz.

Foi justamente para o mesmo apart-hotel em que Daloá morava, Hôtel de Nice, em Pigalle, que Valéria se transferiu ainda nos seus primeiros dias na cidade.
Muitas décadas antes, o poeta português Mário de Sá-Carneiro vivera e se suicidara naquele mesmo local.

Inicialmente, ela foi recrutada para se apresentar no Chez Madame Arthur – também de propriedade de Marcel – por não haver espaço para mais um número na extensa programação do Carrousel.
Três meses depois, quando parte do elenco do Carrousel viajou em uma turnê para o exterior, Valéria se tornou atração fixa da casa.

"A diferença entre as duas casas é que no Carrousel só se apresentavam as estrelas consagradas, maravilhosas, e no Madame Arthur tinha mais números de humor, caricatas...", esclarece, "Todas as noites, algumas de nós – estrelas do Carrousel – eram escaladas para uma participação especial no show do Madame Arthur, garantindo o glamour do espetáculo. Eu sempre ia com Bambi, no carro dela. O Madame Arthur ficava do outro lado do Sena! Atravessávamos a cidade para fazer uma entrada e voltar para o Carrousel.".

Daloá

Elle et Lui

A casa em que funcionava o Carrousel era dividida em duas.
A entrada era a mesma, mas na recepção os frequentadores se dividiam: à esquerda, seguiam os interessados no show das travestis; à direita, funcionava o Elle et Lui, voltado ao público lésbico, onde os garçons – nas palavras de Valéria – eram "homens perfeitos que na verdade eram mulheres" e em cujo palco se apresentavam números de halterofilismo feminino e canto.
Os camarins, no andar de cima da casa, eram divididos entre as atrações de ambos os espaços.

Por que o mundo todo não é assim?

Em poucos meses – vendo televisão, ouvindo rádio e no convívio nos camarins – Valéria já falava francês, quase sem se dar conta e sem nenhum tipo de curso ou aprendizado formal.

Além das colegas francesas, o camarim era dividido com gregas, espanholas, argelianas, italianas... Pisar no palco do Carrousel de Paris era o objetivo de toda artista travesti na época.

"Botei muita perna de fora, com biquínis, plumas, fazendo a vedete...", conta Valéria, "As roupas eram de cada uma. A gente bancava. Eram as mais suntuosas e luxuosas que se pode imaginar. Usávamos até peles... Plumas em grande quantidade, confeccionadas por Maison Février, o mesmo ateliê do Moulin Rouge, do Lido e até de alguns cassinos de Las Vegas.".

No Carrousel, era apresentado um espetáculo de variedades, com canto, striptease e números em dupla: "Cada uma buscava um coreógrafo e criava seu número. Quem tinha uma boa produção, entrava. A casa, por sua vez, nos garantia um camarim maravilhoso, com toda a regalia, contrato e salário certo. Todos os finais de ano, éramos agraciadas com champanhe, caviar e foie gras.".

Alguns números eram apresentados por duplas como Chou-Chou e Cynthiá – uma fazendo Marilyn Monroe e a outra Zizi Jeanmarie, esbanjando plumas, peles e strass.
Galiá e Véronique, por sua vez, tinham um número no qual uma era a domadora e a outra o leão, com juba e maiô: pretexto para que tudo acabasse em um belo striptease.

Outra dupla era formada pela uruguaia Doriana com a brasileira Suzy Wong: a primeira fazia uma aranha extraterrestre e picava a segunda – por fim, o número terminava com as duas fazendo amor.

Antes de entrar no palco, a passagem pelo box do banheiro era obrigatória para todas: lá, maquiavam o corpo inteiro usando um pancake líquido, com a ajuda de grandes esponjas. Somente depois desse "ritual" é que colocavam as bijuterias.

"A primeira turnê que fiz com o Carrousel foi em novembro de 1970, para Nice, onde nos apresentamos em uma casa de shows na praça Massine. Eu, Chou-Chou, Cintiá, Galiá, Kaline e Zambelá como apresentadora. Mas não pudemos estrear porque nesse dia morreu Charles de Gaulle.", relembra, "Tivemos que esperar alguns dias para poder estrear.".

Nessa viagem, Valéria conheceu um italiano que tinha um apartamento em Monte Carlo e ia todas as noites buscá-la na saída do show: "O apartamento dele ficava na frente do porto de Monte Carlo e quando ele ia dormir, eu ficava admirando aqueles iates e o castelo de Grace Kelly no penhasco de Mônaco, inteiro iluminado com luzes amarelas, quase na minha mão, aquele luxo todo, e pensava comigo: 'Meu Deus! Por que o mundo todo não é assim?'.".

A lapidação de uma mulher

Todas as estrelas do Carrousel viviam como mulher em tempo integral.

"Depois de alguns meses, comecei a assumir de vez a minha personalidade feminina. Passei a viver de mulher o dia a dia. Para transformar meu corpo, só tomei hormônios. Fiz apenas algumas sessões de eletrólise, pois sempre tive poucos pelos.", relembra Valéria, "Na verdade, em Paris, não se tratou de uma transformação: foi uma lapidação. Os cabelos começaram a crescer. O hormônio modelava o corpo, deixava as feições mais femininas. Mas não sinto que me transformei: eu sempre fui a mesma pessoa. Ao fim de oito meses em Paris, já estava totalmente mulher.".

O silicone nunca foi uma opção para ela, que não queria "colocar alguma coisa estranha" em seu corpo: "Amigas minhas, que pagavam muito para colocar silicone, me botaram em uma cadeira e tentaram aplicar em mim. Eu não deixei. Elas ficaram revoltadas: 'Como você não quer? A gente coloca de graça em você!'. Graças a Deus não aceitei! Hoje vejo que as que pagaram para colocar estão pagando para tirar.".

Foto: Antonio Guerreiro

"Na verdade, em Paris, não se tratou de uma transformação: foi uma lapidação."

"Cheguei lá caretíssima e voltei divina!"

Outra novidade na vida de Valéria desde sua chegada em Paris eram as drogas: "Comecei a fumar cigarro comum e a beber para fazer charme. Depois descobri o haxixe. Eu experimentei tudo em matéria de drogas em Paris. Cheguei lá caretíssima e voltei divina! Experimentei tudo e não fiquei com nada – só com a maconha. A única coisa que nunca conheci na vida foi fazer amor com uma mulher.".

"Tomei ácido sem saber que estava tomando.", relembra, "Eu estava com um grupo de amigos em um apartamento em Paris e eles iam tomar. Eu disse que não queria. Mas eles me fizeram tomar sem que eu soubesse – me deram uma uva com LSD dentro. Ficaram perguntando se eu não estava sentindo nada. Quando vi, estava tomando banho vestida.".

O ácido voltaria à vida de Valéria apenas mais uma vez, em uma micareta em Feira de Santana, na Bahia: "Quem me deu foi Paulinho Boca de Cantor, dos Novos Baianos, em um camarote. Quando dei por mim, eu estava querendo subir no palco à força para cantar com a orquestra e o segurança não deixava.".

"O que gostei mais, afinal, foi o meu baseado.", afirma, "Porque é uma coisa que relaxa, te deixa calmo. Dá fome. Você dorme. É muito gostoso.".

Carrousel sur la route

Enquanto Valéria se firmava como estrela em Paris, Rogéria tentava a sorte na Espanha. Sempre que falava com a amiga, Valéria insistia que ela devia se aventurar na Cidade Luz.
Finalmente, Rogéria atendeu ao seu convite.

"Era um dia chuvoso, cinzento. Ela chegou por volta do meio-dia.", conta, "Eu fui buscá-la na estação de trem. Rogéria olhou em volta e falou, decepcionada: 'Ai, Valéria… É isso Paris?'. Respondi: 'Meio-dia, um dia de chuva… Você queria o quê?'.".

Marcel contratou Rogéria para o Carrousel, mas ela raramente se apresentava na mesma noite que Valéria. Quando uma estava na casa, a outra saía em turnê, visto que tinham o mesmo gênero musical.

Não demorou muito para que a imprensa brasileira noticiasse o sucesso das duas artistas patrícias em Paris.
Em abril de 1971, a revista "Manchete" publicou uma fotografia de Valéria e Rogéria de mãos dadas, devidamente metidas em casacos de pele, posando em plena avenida Champs Élysées.

"Foi à sombra do Arco do Triunfo que Rogéria e Valéria se encontraram muito 'chics' e extremamente eufóricas(os) por estarem em plena Cidade Luz. (...) Agora elas/eles estão fazendo um número juntas(os) no famoso Carrousel de Paris, com grande sucesso. Rivais aqui, elas/eles estão trabalhando juntas(os). Valéria, que chegou antes, já viajou pela Suíça, Alemanha e Holanda e vai ficar um mês em Tóquio. Rogéria, que chegou depois, ainda não saiu de Paris, mas vai em junho fazer sua primeira viagem artística pela Europa."

("Manchete", 1971)

"Viajamos em turnês por Beirute, Istambul, Japão, Suíça, Itália e todos os balneários da França. A gente chegava em uma cidade e tudo já estava organizado pela produção. Tinha imprensa e jantares nos esperando.", relembra Valéria, "Nós éramos tratadas como grandes estrelas. Quando a trupe do Carrousel desembarcava em qualquer uma dessas cidades, era sempre um acontecimento. Todos queriam ver as travestis do Carrousel de Paris.
Íamos em grupos de sete ou oito. O vestuário chegava antes. Bagagens imensas cheias de plumas, como em um filme de Sarita Montiel. Levávamos nas malas somente as roupas pessoais.".

Além das turnês do Carrousel, Valéria também realizou uma temporada solo em Berlim, no cabaré Chez Nous, uma famosa casa de transformismo instalada em "um casarão maravilhoso, com cortinas de cima a baixo, decoração residencial e um bar".

Na capital alemã, ela fez amizade com a travesti Everest, que era muito amiga de Josephine Baker. Sempre que a Vênus Negra ia à Alemanha, Everest a buscava no aeroporto e a acompanhava em todas as suas atividades.
"Josephine esteve no Chez Nous quando eu trabalhava lá.", rememora Valéria, com pesar, "Mas justamente naquela noite eu não estava bem e não fui fazer o show!".

Em certa noite no Chez Nous, Valéria pediu fogo a um cavalheiro distraidamente. Ele já estava acendendo seu cigarro quando ela se deu conta: era o conhecido ator austro-alemão Curd Jürgens.

Valéria, Coccinelle e Rogéria

Depois de um mês se apresentando em Berlim, de licença do Carrousel, Valéria regressou a Paris.

Hospedada de passagem em um pequeno hotel, teve medo de que lhe roubassem tudo o que ganhara na Alemanha e escondeu o dinheiro dentro das partituras das canções de seu repertório.
Depois de uma saída rápida à noite, Valéria adormeceu.
No dia seguinte, quando preparava sua mala para deixar o hotel, o dinheiro não estava mais nas partituras.

Essa não foi a única vez que ela foi roubada na França.
Em outra ocasião, ao chegar de uma turnê, Valéria deixou todo seu dinheiro no cofre do hotel: "Quando fui retirá-lo, a dona do hotel estranhou. Não tinha nada no cofre. O recepcionista tinha levado tudo. Ele não voltou mais ao trabalho – pegou o dinheiro e se mandou.".

"Outra vez, fiz uma turnê na Alemanha e economizei um bom dinheiro. Quando cheguei na França, fui trocar meus marcos com um cambista. Enquanto eu esperava, apareceu um rapaz e disse que poderia fazer uma troca vantajosa para mim.", relembra, "Quando ele estava me dando o dinheiro, passou alguém e disse que não podíamos fazer essa transação na rua. Me apressei em pegar o dinheiro e fui embora. Quando conferi, a nota de cima era de quinhentos francos e o restante jornal cortado! A pessoa que passou e me distraiu devia ser o comparsa dele. Voltei lá com amigos músicos, brasileiros, que iam 'dar um pau' neles. Mas não achamos os vigaristas.".

COMO UMA CORTESÃ

Certa noite, ao sair do Chez Madame Arthur depois de um espetáculo, Valéria foi abordada por um homem que a esperava dentro de um carro estacionado na saída da casa: ele queria convidá-la para tomar um champanhe.
Tratava-se do conde italiano Vittorio Rossetti, renomado cardiologista de Varese, na fronteira da Itália com a Suíça.

"Foi logo que cheguei em Paris. Olha a sorte que tive!", diz Valéria, "Eu tinha meus vinte e cinco anos, ele cinquenta e cinco, sessenta... Era um homem de boa aparência, elegante, educado, cavalheiro. Solteiro. Vivia em uma casa que era tipo um pequeno castelo, com estátuas na frente.".

"Ele se apaixonou por mim. Me adorava como artista e como pessoa. Porque eu não era uma grande beleza – tinha tantas mais belas... Mas eu devia ter algo especial que fez ele se apaixonar.", continua, "Vittorio me levou nos melhores hotéis e restaurantes. Me deu tudo de melhor que uma mulher pode querer. Eu não me apaixonei por ele, mas gostei de tê-lo na minha vida. Foi muito importante, pois – além de tudo – passei a ter um protetor.".

Na primeira noite, Vittorio estava de passagem por Paris. O encontro acabou em um quarto de hotel.
Dias depois, ele ligou para Valéria e a convidou para um segundo encontro.

Foi o início de uma relação forte, mas não exclusiva: "Eu tinha outras relações enquanto Vittorio estava fora de Paris, pois ele ia me ver de quando em quando.".

"O Carrousel era frequentado por homens importantíssimos e todos nos cortejavam.", explica, "Passei noites maravilhosas, fazendo amor e tomando champanhe nos grandes hotéis de Paris. No dia seguinte, o maître do Carrousel me contava quem era o homem com quem eu tinha passado a noite. Às vezes, era um sheik. Em algumas ocasiões, eu saía com um homem e a rua era fechada com seguranças e tudo para passarmos, devido à sua importância. E eu desfrutava de tudo. Era como uma cortesã.".

Quando Valéria viajava com a trupe do Carrousel, Vittorio costumava encontrá-la onde estivesse.

Em uma dessas turnês, em Lausanne, na Suíça, ele lhe deu seu primeiro brilhante: "Nesse dia, Vittorio me disse que eu teria que encontrá-lo bem arrumada, pois me daria um presente.".
Em outra noite inesquecível, em Paris, o amante italiano a surpreendeu com um magnífico Piaget cravejado de safiras e brilhantes.

Depois do espetáculo, era comum que o conde se sentasse à mesa com Valéria e suas colegas de palco. Segura de que Vittorio estava realmente apaixonado, ela não tinha ciúme, mesmo sabendo que todas o cobiçavam.

"Eu nem sabia o valor das roupas que ele me dava.", relembra, "Eu era uma das melhores clientes do Azzaro. Sabe quem era a outra? Sophia Loren.".

"Baseado em um desenho que levei para ele, Azzaro fez para mim um vestido com três argolas. Isso não era comum: geralmente as criações eram apenas dele, não aceitava sugestões. Ele sofisticou o desenho. Tempos mais tarde, o reencontrei e ele me contou que vendera vários vestidos naquele estilo. Como agradecimento, me convidou para passar em seu ateliê e escolher um novo vestido – esse guardo até hoje e, como todo figurino de alta-costura, continua perfeito, intocado pelo tempo. E o que mais me deixa contente é que quando o uso, sinto que estou com o mesmo corpinho de décadas atrás".", comemora Valéria.

"Eu era uma das melhores clientes do Azzaro. Sabe quem era a outra? Sophia Loren."

"Coco ni, coco ni, coco ni..."

Em meados de 1971, a trupe do Carrousel empreendeu uma turnê para o Japão.
Valéria fazia parte desse elenco: "Foi a viagem que mais gostei. Eu sempre tive vontade de ir para o Japão e era um país muito diferente de todos os outros que eu já conhecia. Os nigthclubs pareciam teatros, com camarotes maravilhosos.".

"Cheguei atrasada no aeroporto. Todas as outras já estavam embarcando. Atrasada, porém chiquérrima, vestindo uma capa de leopardo que tinha encomendado em Lausanne.", recorda, "Para se ter uma ideia, a capa era tão cara que a modista foi pessoalmente a Paris para entregá-la.".

Tanto luxo rendeu alguns desentendimentos entre Valéria e as outras artistas do show quando estrearam no Club Lee.
"A partir das fotografias de divulgação enviadas pelo Carrousel, eles pintaram um cartaz enorme para a fachada da casa com os nossos rostos. Quando viram o cartaz, as bichas ficaram loucas. Eu aparecia bem no centro, deitada sobre plumas e de biquíni, enorme, cercada pelas carinhas delas.", se diverte, "Todas ficaram furiosas. Mais ainda quando viram a roupa que eu tinha escolhido para entrar no final do show, com muito mais plumas e brilhos do que as outras. Houve muita briga e bate-boca, mas eu nem quis saber: entrei mais emplumada do que todas.".

Como sempre fazia por onde passava, Valéria procurou os brasileiros que estavam no Japão naquele momento.
Foi assim que descobriu a boate Papagaio, especializada em música brasileira.
Também estavam no país no mesmo período os integrantes da famosa companhia Brasiliana, da qual fazia parte a cantora Watusi.

Nas suas andanças por lá, Valéria cruzou com várias celebridades internacionais.
Na mesma boate em que estava em cartaz a Brasiliana, por exemplo, ela cantou "Garota de Ipanema" acompanhada por Oscar Peterson ao piano em um intervalo dos ensaios do trio dele.
Em outra noite, cruzou com o beatle George Harrison na discoteca Biblo's.
Uma das casas nas quais o grupo se apresentou em Tóquio foi a boate New Latin Quarter, onde a atração da próxima temporada seria Ann-Margret, um grande cartaz da época.

O show apresentado pelo Carrousel no Japão era temático: todas as artistas homenageavam estrelas do cinema.
Em seus números, Valéria encarnava Carmen Miranda – cantando "Aquarela do Brasil" vestindo uma baiana estilizada – e Rita Hayworth: "Eu fazia 'Zip', do filme 'Meus dois carinhos', embora a roupa e a peruca – ruiva e de fios naturais, caríssima – fossem da personagem Gilda, com um zíper que eu abria enquanto cantava.".

E continua: "Tinha Marilyn Monroe, Brigitte Bardot, Josephine Baker, Zizi Jeanmarie... E a apresentadora era veterana e fazia Mae West. Também estavam conosco Claudine e Gilda, uma dupla do Elle et Lui que apresentava uma dança erótica entre duas mulheres.".

Em uma das boates, um elevador deixava Valéria no palco: "Em certa noite, o elevador tremeu... Eu com o foco em cima de mim, ofuscando a minha vista... Desci no vazio e caí uns três metros! Quase quebrei o braço. Tive que enfaixá-lo e não pude fazer o show por alguns dias.".

Ao longo dessa turnê, além de Tóquio, o grupo passou por Kyoto, Hiroshima, Osaka, Sendai, Okayama e outras cidades.

Na plateia das casas nas quais se apresentaram, era comum que gueixas recepcionassem os homens e fizessem companhia para eles em suas mesas quando estavam sozinhos.

Depois do show, as travestis do Carrousel iam às mesas para conversar com os clientes: "Ficávamos um tempo ali e, na hora de levantar, a gueixa pegava a carteira no bolso do homem e nos pagava – éramos recompensadas por ter dado atenção a eles. Ganhávamos uma nota!".
"E era somente por curiosidade. Não nos convidavam para nada além.", acrescenta, "Eles tinham um certo receio. Parecíamos muito grandes... Olhavam nossas mãos e achavam enormes...".

No Japão, Valéria costumava se relacionar com homens que pertenciam a uma base americana localizada em Tóquio ou com turistas europeus.
Por fim, aceitou o convite de um pretendente japonês e foi encontrá-lo em um hotel.
Estava usando o brilhante que ganhara de Vittorio: "Como ele era novo, eu o tirava toda vez que ia lavar a mão. Na hora de ir embora, fui ao toalete e deixei o brilhante na pia.".
No hotel onde estava hospedada a trupe do Carrousel, as companheiras de Valéria deram pela falta do brilhante assim que ela chegou. Desesperada, correu para resgatá-lo: "Eles falam muito francês e inglês por lá. Então aprendi poucas palavras japonesas. Perguntei a alguém como se falava 'por aqui'. Era algo como 'coco ni'. Entrei no táxi e fui orientando o motorista pelas ruas: 'Coco ni, coco ni, coco ni...'. Eu me lembrava mais ou menos o caminho. Chegando lá, fui reconhecida na recepção, mas não sabia explicar o motivo da minha volta. Então entrei direto no elevador e procurei o quarto... As camareiras já estavam limpando, mas ainda não tinham ido ao banheiro... E o brilhante continuava na pia, intacto... Três quilates, branco e azul, sem qualquer imperfeição!".

Jean e Jeanne

Trabalhando no Carrousel, Valéria conheceu o "grand monde" da época: artistas, políticos, milionários e boêmios em geral.

Uma de suas admiradoras era a atriz Jean Seberg, que sempre lhe levava uma rosa.
Nesse período, Jean estava flertando com Ricky Nelson, um músico e modelo brasileiro que vivia em Paris e era amigo de Valéria.
Com a dupla, Valéria esteve em um jantar na casa do ator francês Philippe Noiret, no qual também estava presente o político Carlos Lacerda. Nessa noite, Noiret acompanhou Valéria ao piano em uma canção brasileira.

Outra atriz que Valéria conheceu em Paris foi Jeanne Moreau.
Mas não foi no Carrousel que elas se conheceram e sim no estúdio de Madame Charlotte, conceituada professora de canto que estava empenhada em preparar Moreau para interpretar a música "Joanna Francesa", de Chico Buarque, no filme brasileiro homônimo dirigido por Cacá Diegues.

"Procurei Madame Charlotte assim que cheguei em Paris. Ela já era uma senhora de certa idade, muito procurada pelos artistas.", conta Valéria, "Eu sempre cantei naturalmente. A voz saía e eu cantava. Quando comecei a fazer aulas com ela, a própria me aconselhou a parar, alegando que, como eu não seguiria uma carreira lírica, perderia a naturalidade do canto, me tornando uma cantora muito técnica. Me passou apenas uns exercícios de vocalise. Ainda faço alguns até hoje... Mas o que preciso mesmo para a voz ficar boa é dormir – é o melhor remédio que existe para a voz.".

com Jean Seberg

com Jeanne Moreau

Entre brasileiros na Europa

"Quando cheguei em Paris em 1970, conheci Luana, uma modelo brasileira que mais tarde se casou com um conde e se tornou Condessa de Noailles.", relembra Valéria, "Ela tinha uma vida social muito intensa e me enturmou com os brasileiros que estavam em Paris e também com alguns franceses. A casa dela na Avenue Paul De Mer era uma espécie de consulado brasileiro na cidade. Luana dava grandes festas, oferecia lagosta e champanhe, recebia muita gente. E como boa brasileira, apesar de Condessa, suas festas sempre terminavam em quê? Num pagode, é claro!".

Foi com Luana que Valéria foi assistir a cantora brasileira Tuca na Discofage em uma noite memorável na qual também estavam presentes Lea Massari, Françoise Hardy, Norma Bengell e Gilda Grillo.
No final do show, Tuca pediu uma canja para Valéria e Norma, que cantaram "Ho-ba-la-lá".
"Essa noite foi muito especial.", conta Valéria, "Foi bárbaro reencontrar Tuca, que eu já conhecia do Brasil. Ela morava atrás da Discofage e sempre víamos os shows uma da outra.".

com Luana

Além de Luana, o costureiro Clodovil era um companheiro constante de Valéria na noite parisiense: "Eu sempre ia para o Queen Elizabeth Hotel, onde ele estava hospedado, e ficava lá a noite inteira, tomando um vinho branco e jogando conversa fora.".

Muitos brasileiros que passavam por Paris faziam questão de conferir uma apresentação de Valéria: entre eles, Francisco Cuoco, Eliana Pittman (então em cartaz no restaurante Don Camilo) e Wilson Simonal.

Nesse período, existia apenas um restaurante de comida brasileira em Paris, o Feijoada, situado no Hôtel de Ville, onde Valéria chegou a cantar acompanhada por Normando Santos ao violão.

Foi em um jantar com Clodovil no Feijoada que Valéria apresentou para ele Caline, uma das artistas do Carrousel. Impressionado com Caline – que fazia o mesmo tipo da atriz Audrey Hepburn – o estilista não podia acreditar que fosse uma travesti.

Valéria também costumava procurar seus conterrâneos nos locais por onde viajava na Europa.
Foi o que aconteceu depois de passar uns dias com Vittorio em Roma: ele foi para Milão e deixou um Maserati com motorista à disposição de Valéria e ela aproveitou a oportunidade para visitar Elza Soares e Garrincha, que estavam morando em Torvaianica, um balneário afastado da capital italiana.
Desde o início do relacionamento do casal, ainda no Rio de Janeiro dos anos 1960, Valéria sempre foi próxima de Elza.
Justamente no dia da visita de Valéria, Elza estava aguardando alguns fotógrafos e, depois de algum tempo conversando com a amiga, se retirou para se preparar para a sessão.
Quando os fotógrafos chegaram na casa e viram Valéria conversando animadamente com Garrincha, pensaram que era Elza e foram logo perguntando se podiam começar a fotografar, ao que o jogador interveio: "Calma aí que a nega tá lá em cima e desce já!".

Outro brasileiro que Valéria conheceu em Paris, apresentado por Hugo de Freitas, e reencontrou em Roma foi o pintor Di Cavalcanti: "Ficamos amigos. Di gostava muito de frequentar o Cafe de L'Opera, ao lado do teatro. Naquela mesa, me presenteou com um desenho erótico feito por ele ali mesmo. Mais tarde, dei esse desenho ao Boni, da TV Globo. Di era um cara boêmio, que gostava muito de curtir... Era um homem do mundo. Saíamos muito pela noite de Paris.".

Metade arte, metade beauté

Em meados de 1971, Marlene chegou em Paris para se apresentar com uma companhia da qual também faziam parte Haroldo Costa, Meire Marinho, o cantor Jorge Ben e um grupo de músicos e mulatas.
Valéria assistiu o espetáculo – no qual também estavam presentes Jean Seberg, Jeanne Moreau e Marie Laforêt – e acompanhou Marlene em todos os lugares por onde ela andou em Paris, a despeito da rivalidade da cantora com sua diva Emilinha Borba: "Afinal, eu já tinha deixado aquela coisa de fã de lado... Eu me tornara uma artista também e respeitava e admirava o trabalho de Marlene. Além disso, embora eu a conhecesse desde o tempo da Rádio Nacional, essa foi a primeira vez que pudemos nos aproximar de fato.".

A convite de Valéria, Marlene foi vê-la no Carrousel de Paris: "Ela era bem mais conservadora do que Emilinha, tinha uma educação protestante que de alguma forma permanecia nela. Então a gente sentia que não podia falar qualquer coisa para ela, tinha um limite. Mesmo assim, ela foi ver o show do Carrousel e adorou. Mais tarde, chegou até a dirigir um espetáculo com travestis.".

Quando voltou para o Brasil, Marlene levou consigo fotografias de Valéria e falou maravilhas dela para Luís Carlos Miele e Ronaldo Bôscoli, produtores de shows marcantes da noite carioca.
Eles já conheciam Valéria, mas ficaram impressionados com a mudança de sua figura – agora muito mais feminina – e o relato de Marlene.

Paralelamente, nos últimos meses de 1971, a jornalista Nina Chaves se encontrava em Paris como correspondente do jornal carioca "O Globo", no qual assinava uma coluna comentando a vida social da comunidade brasileira na Cidade Luz. Em meados de outubro, Valéria passou a ser assunto recorrente nessa coluna.
Na edição de 13 de novembro, por exemplo, Nina Chaves provocava: "Travesti Valéria: críticas nos jornais franceses dizendo ser ela envolvente e feminina. Me segura que eu vou ter um troço.".
Uma semana depois, no dia 20, o espaço de Valéria na coluna foi ainda maior: além de publicar uma grande fotografia sua assinada por Antonio Guerreiro, Nina Chaves traçou seu perfil sob o título "Passaporte não é documento...".

"Noventa de busto, noventa de quadris, de brasileira origem, veio para ficar dois meses e está há dois anos, figura de destaque no show do Carrousel, onde canta quatro números e encerra o espetáculo.
Sua voz, rouca, bem entoada, envolvente, acariciante. No Brasil, fazia o gênero Elizeth Cardoso, a quem acha o máximo da nossa música popular. Aqui, canta em francês, italiano e em português ('Mas que nada', 'Reza', 'Mangueira').
Quem a apresentou em Paris foi Coccinelle e agora ajuda a quem chega.
Na rua, nas viagens internacionais, sempre no grito da moda, bem no feminino estilo, os cabelos, naturais, fazem inveja geral.
Valéria, era assim que se assinava aí no Brasil, e se assina, aqui. Chamada no Rio de 'a outra Elizeth'. 'Mas lá não dão valor à gente, à arte, só a pude mostrar aqui na Europa e no Japão. O 'travesti' na Europa está em outra faixa que no Brasil, onde não sabem reconhecer seus méritos. Beleza só não importa. É preciso evoluir na própria beleza. Metade arte, metade 'beauté'.'.
E sobre mulher bacana, diz Valéria que essa já nasce, não depende de dinheiro. É toque que vem do berço. Cita Marisa Urban, que tanto está divina com Cardin como com 'blue jeans'. Homem bacana é o Francisco Cuoco, embora deteste novela, acha cafona.
Já tem disco gravado aí e prepara-se para gravar outro cá.

Já foi aplaudida por Melina Mercouri, Ella Fitzgerald, Anouk Aimée; Oscar Peterson estava no mesmo espetáculo seu, em Tóquio, foram companheiros de bastidor.
Vai retornar ao Brasil, para o Carnaval. 'Ponha aí, Nina: será a Visita da Velha Senhora. Quem conhece a história entende por quê.'.
Sessenta milhões só de plumas, peles e strass no guarda-roupa que pretende levar. Assinado Loris Azzaro, 'o mesmo que está vestindo Sílvia Amélia'.
Show, aí, só se for sob a direção de Miele e Bôscoli.
Valéria ama: caviar, diamante e 'fourrures'. Odeia: homem pobre, Imposto de Renda e usar perucas. Quanto a um dos tópicos que ela odeia, posso, ainda, acrescentar que a paixão da sua vida é milionário, industrial e cardiologista italiano.
A ida de Valéria ao Brasil será uma espécie de 'adieu' à carreira artística. Carrega aliança de noiva, vai-se operar e ser da 'dolce vita' italiana, após o 'mariage'.
Antes, porém, todavia, uma suíte no Copacabana Palace, muita 'press' na coletiva, onde irá contar suas peripécias de arte e sucesso.
Antes de rasgar de vez o passaporte e o registro com o nome de Valter.
Sua fixação: ser capa de revista, de preferência 'Manchete', que o Bloch já prometeu. 'Uma vez só e não como a Sílvia Amélia, que quer essa dose repetida no mínimo duas vezes ao ano.'. Falou."

Semanas depois, o retorno de Valéria ao Brasil também era aludido por Elizeth Cardoso em uma matéria especial de Natal publicada no mesmo jornal.
Indagada sobre os melhores presentes que já ganhara e já dera, a cantora declarou: "Eu gostaria de dar muito mais do que posso.
Agora mesmo recebi uma carta de amigos, os travestis Rogéria e Valéria, que estão fazendo um sucesso enorme no exterior, cantando inclusive o meu repertório.
O primeiro no Egito e o segundo na França. Aí, Rogéria diz que o melhor presente que poderia receber de Natal seria estrelar um show no Canecão e Valéria no Pujol, ambos dirigidos por Bibi Ferreira. Se eu tivesse meios, empresava os dois agora mesmo.".

O Pujol tão almejado por Valéria era a boate Monsieur Pujol, de propriedade da dupla Miele e Bôscoli.

No início de janeiro de 1972, foi a vez da revista "Manchete" anunciar o retorno de Valéria em uma nota acompanhada por uma fotografia sua ao lado de Rogéria e Coccinelle.

Finalmente, no dia 11 de março, a notícia se tornou mais sólida. Diretamente de Paris, Nina Chaves publicou em sua coluna uma enorme fotografia de Valéria vestindo Azzaro e confirmou: "Valéria, do show travestido na boate Carrousel para o Rio, terça-feira próxima, bagagem de muitas plumas e a dupla Miele e Bôscoli de olho nela.".

"Quando desci do avião, estavam todas me esperando – de homem. E eu maravilhosa, de short e botas longas, como Jane Fonda em 'Klute'."

O retorno glorioso ao Brasil

"Eu viajei com um pedaço de haxixe dentro da minha bota. Quando cheguei no aeroporto para o embarque, fui encaminhada para uma cabine de revista, recém-inaugurada. Isso não existia antes. Lá dentro, a polícia me mandou tirar as botas. Tirei a bota que não tinha haxixe, claro. E como dava trabalho para tirar, exagerei ainda mais na dificuldade. E sem que me pedissem, fiz menção de tirar a outra bota. Mas me disseram que não era preciso.", relembra Valéria sobre sua volta ao Brasil, "Assim que entrei no avião, fui ao toalete e joguei todo o haxixe no vaso, achando que seria revistada novamente ao desembarcar – o que não aconteceu.".

A chegada de Valéria no Brasil era aguardada com ansiedade por suas amigas travestis. A maior parte delas ainda usava roupas masculinas fora dos palcos e das boates e muitas duvidavam que fosse permitido a ela descer do avião vestida de mulher.
Ao saber desses rumores, Valéria foi incisiva: se isso acontecesse, voltaria para Paris diretamente do aeroporto, pois não estava disposta a ter que se esconder de novo depois de conquistar a liberdade de ser mulher em tempo integral.

"Quando desci do avião, estavam todas me esperando – de homem. E eu maravilhosa, de short e botas longas, como Jane Fonda em 'Klute'.", recorda, "Elas ficaram surpresas me vendo descer assim. Mas quando passei pela alfândega, vi que não tinha problema nenhum. E eu estava chegando com muitas malas, plumas, vestidos de grandes costureiros... Fui ao toalete feminino e isso foi amplamente noticiado! Para os brasileiros, era uma coisa do outro mundo. Para mim, era natural.".

Depois de muitos abraços e beijos de saudade, Valéria anunciou para suas amigas que se hospedaria no luxuoso Hotel Glória.
Novamente, elas duvidaram: tinham certeza que o hotel não aceitaria uma travesti: "Mas estavam erradas mais uma vez. Ficaram atônitas na recepção enquanto eu me hospedava naturalmente, tratada com muita gentileza, como uma dama. Depois de guardar as minhas joias e os meus francos no cofre do hotel, segui para a minha suíte com todas aquelas malas.".

Uma das primeiras pessoas que foram ao Glória para rever Valéria foi sua madrinha artística Elizeth Cardoso: "Eu trazia para ela seu perfume preferido, Shalimar. Depois fomos juntas visitar uma irmã dela que morava ali perto. Essa irmã era brigada com a família e sempre que Elizeth ia vê-la, tinha que ser às escondidas. Elizeth foi uma amiga da vida toda. Elegante e sofisticada, mas muito simples. Minha principal referência como cantora. Certa vez, ela gravou um depoimento sobre mim no qual dizia que eu era a melhor intérprete de seu repertório. Fiquei muito lisonjeada.".

No mesmo dia, Valéria recebeu a visita de sua mãe Isolina e sua irmã Carmem em seus aposentos.

Uma anedota sempre repetida por Valéria em seus shows conta que o reencontro com a mãe e a irmã teria acontecido ainda no aeroporto.
Vendo os passageiros que desciam do avião, Isolina teria perguntado à filha, que acenava: "Quem é ele? Aquele atrás da mulher de chapéu?".
"Não, mamãe...", foi a resposta de Carmem, "Ele é a mulher de chapéu!".
Embora essa história arranque gargalhadas do público há décadas, isso nunca aconteceu.

"Elizeth foi uma amiga da vida toda. Elegante e sofisticada, mas muito simples. Minha principal referência como cantora."

"Tenho pavor de virar dona de casa!"

"Valéria, com capa de leopardo: 'Tenho pavor de virar dona de casa" era o título da matéria de página inteira assinada pela jornalista Marisa Raja Gabaglia e publicada na edição de 16 de março de 1972 do jornal "O Globo". "Meus amigos caíram para trás quando me viram no Galeão.", dizia a legenda de uma das duas fotografias que ilustravam a matéria, reproduzida na íntegra a seguir.

"Fui esperar Valéria na piscina do Hotel Glória, saboreando uma laranjada. Senti que ela chegara pelo perfume, que imediatamente se espalhou pela pérgula toda. Alta, cabelos pretos e lisos caindo no rosto, nariz reto, lábios carnudos, o que primeiro me impressionou em Valéria foi o branco da pele. Nacarada e pálida, como a dos poetas. Salpicadas aqui e ali, pequenas sardas que ela desenhou a pincel. De palazzo-pijama estampado de flores miúdas amarelas em fundo preto, ele caía até os pés com um decote em V, que Valéria deixou aberto até a cintura. Nas mãos, as unhas vermelhas brilhavam ao sol da manhã como manchas de sangue.
Sentada no parapeito da varanda, Valéria fez as primeiras fotos com o 'savoir-faire' que esses dois anos de Europa lhe acrescentaram. No elevador, ela me confessou que em Paris, onde mora no momento, tem saído com muitos rapazes brasileiros.
— Os brasileiros em Paris são divinos, porque é lá que eles rasgam a fantasia.
Quando o elevador parou, notei que em seu anular brilhava um imenso brilhante.
O quarto de Valéria está inundado de plumas brancas e rosas, que usou nos seus últimos shows. Há dois anos, vem se apresentando no Carrousel em Paris, já viajou com a companhia por treze países, tendo se apresentado em galas ao lado de Sylvie Vartan, Jean Seberg e Jeanne Moreau, entre outras personalidades internacionais. Reclinada na cama, Valéria acende um cigarro. Os olhos estão sombreados de escuro e, jogada na cama, entre numerosos retratos seus, está sua imensa bolsa de palha amarela. No ar, o mesmo cheiro intenso de perfume que apurei ser Intimate da Revlon.
— Valéria, por que tua vinda ao Brasil? Foi saudade?
— Vim de férias e afinal vou fazer um show com Miele, no Pujol. Estava morrendo de saudade de meus amigos, que estavam todos me esperando no Galeão e caíram para trás quando me viram.
Valéria se interrompe. Parece ter dificuldades de encontrar as palavras. Enxuga um princípio de suor que começa a transparecer no rosto branco e diz:
— É que estou tendo dificuldades de falar o português, esqueço a metade das palavras, e também me desabituei desse calor. Ele me mata!
— Valéria, ouvi falar que você está noiva. É verdade?
— É verdade sim. Logo que cheguei na Europa, na Itália, conheci um cardiologista e pretendemos nos casar em breve. Ele está muito saudoso e talvez venha me ver aqui no Brasil dentro de um mês.
— Como é que você conseguiu impor teu gênero na Europa?
— Não foi fácil, e tudo que consegui foi sozinha. Não tive a facilidade de muitos artistas brasileiros que levam músicos daqui para acompanhá-los. Tive que ensinar tudo aos franceses. Vi também muitos artistas brasileiros em Paris que não fizeram nenhum sucesso e, no entanto, li depois nas revistas daqui que lá eles tinham sido o máximo. Não é verdade. Fui ver todos, e nas salas de espetáculos de muitos deles não havia um só estrangeiro, era tudo claque brasileira.
— Teus documentos estão todos em ordem?
— Todos. O cônsul brasileiro em Paris me entregou passaporte e talão de cheques, todos com meu nome completo: Valéria Fernandez Gonzalez. Com a minha fotografia assim, com essa roupa até.
— Valéria, teu noivo é muito ciumento?
— Bastante. Mas eu adoro a vida independente. Na Europa, aliás, a mulher é totalmente independente.
— E o teu guarda-roupa é muito variado?
— Uso bastante minissaias e jeans. E para as roupas sofisticadas, eu escolhi Azzaro, um costureiro divino, com o qual se vestem Sílvia Amélia Ferraz e Carmen Mayrink Veiga.
— Na Europa, você sai com muitos rapazes brasileiros?
— Ih... Demais. E gente importante. Vamos aos melhores lugares. Os brasileiros em Paris é que se mostram autênticos. Deixam cair. Mas prefiro ser discreta. Por eles, é claro...
— Valéria, você tem cuidados especiais com teu físico?
— Alguns. Os que toda mulher tem. Faço massagens, ginástica, essas coisas. Só estou estranhando muito o calor daqui. Ai, já não estou mais acostumada.

— Qual o homem ideal para você?
— O italiano. E o brasileiro, mas na Europa.
— Valéria, teu noivo tem uma boa situação financeira?
— Naturalmente.
— Você se sentiu aceita no estrangeiro?
— Claro. O meio que eu frequento é de gente inteligente.

Valéria mais uma vez se atrapalha um pouco com as palavras e intercala expressões em francês nas frases em português. Mais uma vez, atribui o fato a dois anos de ausência do Brasil.

— Você fez muito sucesso na Europa, Valéria?
— Aí estão a minha capa de leopardo, meu Piaget, meu anel de brilhante, minha safira. Eles que o digam. Sem falar na chuva de cestas de flores, cartões e festas para as quais fui convidada.
— Apesar de tudo isso, você ainda quer se casar?
— Bem, esse agora é que é meu grande problema.
— Por quê?
— Tenho pavor de virar dona de casa!

Enquanto Valéria atende o telefone, vou observar seu guarda-roupa, no qual os longos de pérolas e paetês se alinham uns ao lado dos outros, faiscando. Todos os vestidos são extremamente sexy. Valéria se aproxima de mim com um vidro de Intimate.

— É para você, querida. Espero que lhe dê a sorte que me deu.

Tocam a campainha. É a mãe de Valéria, Dona Isolina, que chega com o filho caçula. Abraça Valéria em silêncio. Depois, comovida, diz:

— Meu filho, não se esqueça de telefonar para tuas tias."

"Os brasileiros em Paris são divinos, porque é lá que eles rasgam a fantasia."

Um homem e uma mulher Miele e Valéria

"Impressionante a 'vidração' da ala masculina em se tratando da Valéria. Ela chega, seja onde for, e as atenções do chamado sexo forte concentram-se nela. Não há boquita pintada nem madeixa ondeada a duras penas do 'mulherio' que consiga superar tal fascínio; ficam elas pois a ver navios, em franco desapontamento. Eu própria senti na carne as agruras do fato." ("O Globo", 1972)

"Fui mesmo muito cobiçada. E correspondi a muitos homens que me cortejaram.", confirma Valéria, "Se eu revelasse os nomes de todos os famosos com quem saí, faria mais estrago do que a Bomba de Hiroshima. Por isso, prefiro o silêncio e a discrição.".

Com sua rentrée nos palcos cariocas marcada para o início de abril, Valéria passou as últimas semanas de março recebendo a imprensa no Hotel Glória – no final de cada entrevista, presenteava o jornalista com um vidro de seu perfume favorito, o Intimate.

Empresariada por Marcos Lázaro, ela estrelaria o show "Um homem e uma mulher" ao lado de Miele e do pianista Pedrinho Mattar, com produção do próprio Miele e seu parceiro Bôscoli.

O espetáculo seria apresentado na tão sonhada Monsieur Pujol.
Localizada na Rua Aníbal de Mendonça, 36, em Ipanema, a boate era frequentada pela elite da noite carioca: "Era um meio que eu não frequentava antes. Quando estreei ali, muita gente importante ia me ver e eu nem sabia quem era.".

Sentados em cima do piano de cauda de Mattar, Valéria e Miele cantavam coisas como "Você não entende nada", de Caetano Veloso, fazendo troça com os versos maliciosos da música: "Eu como, eu como, eu como... Você...".
Como não podia deixar de ser, o repertório de Elizeth Cardoso também estava presente na voz de Valéria através de "Meiga presença", de autoria do filho da cantora, Paulo Valdez.

Ela também interpretava um texto de Bôscoli em cima da vitoriosa Seleção da Copa de 1970: "Você conhece o homem pela roupa que ele veste, pelo calçado que ele calça e pela mala que ele carrega. Eu estava no México e assisti o desembarque da nossa Seleção. Estavam todos bem vestidos, bem calçados, impecáveis. E carregavam malas ma-ra-vi-lho-sas! As malas me chamaram muita atenção. Rivelino de mala de couro natural. Jairzinho parecia que estava descendo com um baú. Pelé de mala preta. Armando Marques de frasqueira. Mas a maior surpresa para mim foi Tostão – pequenininho, sem graça, perna torta... E a maior mala da Seleção! É por isso que eu digo... Você conhece o homem pela roupa que ele veste, pelo calçado que ele calça e... Pela mala que ele carrega!".

Fora do palco, Valéria também causava sensação com atitudes como tirar a atriz Marina Montini para dançar no meio da pista: "A casa parou para olhar", comentou o jornal "O Globo", "E o que é mais grave: teve gente morrendo de espanto. A noite continua cínica.".

Numa noite memorável da temporada de "Um homem e uma mulher", Valéria tirou a atriz Marina Montini para dançar... Foi um escândalo!

Após uma das apresentações na Pujol, Valéria recebeu um cartão de visita em seu camarim: era do Dr. Eduardo Santana, o presidente da Cosmos Engenharia, que estava presente na plateia e a convidava para que se sentasse à sua mesa naquela noite. Com ele, estavam vários diretores da companhia, ansiosos por rever o Valtinho que abandonara a empresa sem aviso prévio anos antes.

"Na época, eu era apenas um contínuo... Eles nem me davam bom dia.", recorda, "Mas eles sabiam quem eu tinha me tornado... Foi bárbaro! Eles beijaram minha mão quando cheguei, me trataram muito bem... E fui convidada para o aniversário do Dr. Eduardo, um jantar íntimo dias depois, no qual conheci a renomada bailarina Tatiana Leskova. Esse reencontro com o pessoal da Cosmos foi incrível, um grande prazer... Essas reviravoltas que o mundo dá, né?".

Outra atração da casa naquela temporada era a cantora Leny Andrade: "Ali, convivi com a nata da MFB da época. E fui vista por Pedro Vargas, Dionne Warwick, Maysa, Beki Klabin, Sérgio Mendes... A Pujol era o máximo!".

No dia seguinte à madrugada de estreia do show, na edição de 07 de abril do jornal "O Globo", Sérgio Bittencourt comentou o andamento do espetáculo e exaltou as qualidades artísticas de Valéria em sua coluna "Rio à noite": "De cara, impressiona pela dignidade com que se apresenta. Ali está, em primeira instância, um artista. Convicto, sério e livre. Outro detalhe: tem cancha. Sabe das coisas. Olha firme e vai na bola. Tradução: não brinca em serviço e não está ali curtindo coisa alguma. (...) Esse travesti Valéria é uma tremenda voz. Tomei um susto. Vou ver de novo. Saí de cuca rachada. Um disco, rápido: antes que ele(a) se arrependa.".

A queridinha da high society

Gravar um disco estava entre as ambições de Valéria naquele momento, conforme ela revelaria à revista "Manchete" dias depois: "O meu sonho maior, no Brasil, é gravar um disco com meu repertório brasileiro, fazer um filme e mostrar na televisão a minha arte. Depois terei que voltar à Europa, onde me esperam inúmeros contratos.".

Nessa matéria, intitulada "Valéria: Noventa por cento mulher", ela ocupava uma página inteira exibindo três de seus vestidos Azzaro em fotografias coloridas e declarando:

"Travesti é uma palavra que não mais se aplica ao meu caso. Já suplantei há muito essa fase. Hoje, considero-me noventa por cento mulher. Eu sei que, no Brasil, dá-se pouco valor aos artistas do meu gênero. Mas é por isso mesmo que aqui estou, para despertar os mesmos aplausos e receber o mesmo apoio que tenho tido na Europa."

A visibilidade de Valéria na imprensa rendeu muitos convites para participar de programas de televisão. O que ninguém esperava é que a Censura Federal proibiria terminantemente sua aparição naquela mídia, conforme anunciaria – sem maiores explicações - "O Globo" na edição de 11 de abril: "Definitiva a proibição imposta ao travesti Valéria: não pode aparecer em televisão. Seja para o que for.".

"Todos os programas queriam me apresentar. Flávio Cavalcanti fez de tudo para eu ser júri em seu programa e eles não liberaram.", recorda, "Eu fui algumas vezes no programa de Flávio na TV Tupi. Ficava sentada na plateia, em um lugar determinado pela produção para a câmera me mostrar... Mas não podia falar nada.".

Meses depois, em fevereiro de 1973, a revista "A Cigarra" promoveu um debate com vários artistas – entre os quais, Dina Sfat, Janete Clair, Jacqueline Laurence, Paulo Gracindo, Sérgio Britto e Marlene – sobre o fim do desfile de fantasias do Theatro Municipal e a forte presença homossexual que seria um de seus motivos.
Em dado momento, Janete desabafou sobre os desfiles, que considerava uma "agressão": "Só acho muito errado o incentivo ao homossexualismo.".
Marlene contestou: "É engraçado. Uma mulher pode ter jeito de travesti; homem, não. A Elke Maravilha se diz 'boneca' e nem por isso foi proibida. Agora, a Valéria não pode ir à televisão. (...) Acho que se apresentassem a Valéria como uma artista simplesmente, ninguém daria importância ao fato de ela não ser totalmente mulher.".
"Marlene, esse 'totalmente' é de uma sutileza inusitada.", zombou Jacqueline.

Para a travesti Jane Di Castro – que ainda assinava apenas Jane – Valéria já era mesmo uma mulher completa, razão pela qual não representava mais uma concorrente no meio.
"Valéria já era – eu sou o Rei do Travesti" era o título de um perfil de Jane publicado na edição amazonense do "Jornal do Comércio" em julho de 1972, no qual ela dizia que deixava para Valéria "a 'glória total' de ser mulher normal".

Ainda em abril, dias depois da estreia de "Um homem e uma mulher", Danuza Leão organizou uma festa em sua residência na Avenida Niemeyer para dar as boas-vindas a Valéria e introduzi-la na high society carioca.
Entre "lagostas portuguesas, queijos da Serra e garrafas de vinho Periquita", Valéria foi prestigiada por Maria Bethânia, Tom Jobim, Chico Anysio, Carmen Mayrink Veiga, Tereza Souza Campos e outros em um jantar que "O Globo" classificou de "heterogêneo e alegre". A festa também contou com a cobertura da revista "Intervalo".

"Tudo isso me fazia me sentir a grande atração do Rio de Janeiro naquele momento.", conta, "Eu também era muito paquerada quando cheguei. Não tinha concorrente no meio. Quem quisesse experimentar, tinha que sair comigo. E realmente saí com muita gente.".

Nem todos, porém, se renderam aos encantos de Valéria.
Ao saber que Miele e Bôscoli pretendiam montar um show chamado "Plumas X Apitos" em que ela contracenaria com Armando Marques, o árbitro declarou em uma entrevista que jamais trabalharia ao lado de travestis.
Ao saber disso, ela reagiu e respondeu através da imprensa: "No meu show 'Um homem e uma mulher' é indispensável que o ator tenha voz grossa para fazer o homem. A voz do Armando não preenche esse requisito e, além do mais, a mulher do show sou eu.".

"Impossibilitados de montar esse espetáculo comigo e Armando, Miele e Bôscoli convidaram Lennie Dale para estrear o 'Dzi Croquettes' na Pujol.", relembra Valéria.

O fato é que, naquele momento, era impossível ser indiferente à polêmica presença de Valéria nas altas rodas sociais.
Era inédito que, fora do palco, uma travesti ocupasse aquele espaço no Brasil e isso gerava muitos debates e a necessidade de um posicionamento sobre o assunto.

"O cenário do show de travestis no Brasil ainda era o mesmo que eu tinha deixado. A maior parte delas trabalhava no Teatro Rival.", relembra, "Quando elas viram meu sucesso, começaram a ir para a Europa também. E ao voltarem, estavam 'de mulher'. Eu que abri o caminho. Rogéria ainda estava na Europa. Quando ela voltou, depois de mim, também já veio 'de mulher'.".

Provavelmente, o cachê de Valéria era o maior que uma artista travesti já recebera no país: "Ganhei muito dinheiro na Pujol, mas não sei quanto. Eu morava no Hotel Glória, fazia tudo o que queria, só andava de táxi, convidava amigos para ficarem comigo na piscina do hotel e assinava todas as notas... Então eu ganhava bem.".

"Tudo isso me fazia me sentir a grande atração do Rio de Janeiro naquele momento."

A Voz do Brasil

Mesmo com todos os holofotes voltados para si e imersa num turbilhão de shows, festas e entrevistas, Valéria nunca esqueceu seus velhos ídolos.

Assim que voltou ao Brasil em 1972, foi ver Dalva de Oliveira, de quem tinha sido muito próxima antes de deixar o país.

Dalva lhe pareceu ainda mais frágil do que antes: "Sempre tive um cuidado muito grande com Dalva, pelo amor que eu tinha por ela como cantora. Para estar perto dela era preciso cuidar dela. Dalva bebia muito conhaque, vinho... Então eu cuidava para que ela não bebesse muito, ajudava ela a se arrumar...".

No aniversário de cinquenta e cinco anos da cantora, no dia 05 de maio, Valéria estava presente.

Por esses dias, a cantora lhe mostrou seu disco mais recente, no qual interpretava "Você mudou demais", de Waldick Soriano e Dick Júnior.

Pouco tempo depois, sofrendo de um câncer esofágico, Dalva foi internada.

Durante todo o período que passou no hospital, Valéria permaneceu ao seu lado quase que diariamente, dividindo a cabeceira com as cantoras Dora Lopes, Carminha Mascarenhas e Leny Andrade.

"Linda Batista foi vê-la e fez um escândalo quando soube que os filhos de Dalva tinham proibido a entrada do bofe dela no hospital.", relembra, "Eles já viviam juntos há anos. Algumas vezes, às escondidas, o levei para vê-la no quarto do hospital.".

"Ele se chamava Nuno. Era carpinteiro e fazia os biscates dele.", continua, "Nuno foi um anjo para Dalva. Cuidou muito dela. Foi maravilhoso. Era muito jovem, então os filhos achavam que ele queria explorá-la. Mas explorar o quê? Ela não tinha nada para ele explorar!".

Depois de alguns meses de sofrimento, Dalva faleceu no dia 30 de agosto. Nuno não pôde nem mesmo ir ao enterro.

"Para mim, ela foi a maior cantora do país. É a cantora que eu mais gostei de ouvir e mais me emocionou."

Misto-quente

O plano inicial de Valéria era cumprir a temporada na boate Pujol, rever amigos e familiares e exibir ao Brasil os louros de suas conquistas no exterior.
Isso não deveria demorar mais do que dois ou três meses, já que na Europa ela era esperada tanto por seu conde italiano quanto pelo Carrousel, que mantinha seu contrato em aberto.

Mas ela não imaginava que seu retorno ao Brasil causaria tanto estardalhaço.
"Um homem e uma mulher" ainda estava em cartaz quando Valéria foi convidada para estrelar um novo espetáculo ao lado de Agildo Ribeiro, humorista de grande projeção na época.

Com direção de Augusto César Vanucci, "Misto-quente" teria textos de, entre outros, Miele e Bôscoli, Max Nunes e Haroldo Barbosa, cenografia de Cyro Del Nero e direção musical de Pedrinho Mattar, além de Eduardo Lages – consagrado como "o maestro de Roberto Carlos" - nos teclados.
Tudo isso no palco do Teatro Princesa Isabel.

O convite era irrecusável, para o desespero de Vittorio, que aguardava impaciente o regresso de sua amada.

"Eu não conhecia Agildo antes. A ideia de nos reunir em um show foi de Miele e Bôscoli.", conta Valéria, "Já durante os ensaios, tive dificuldades com Agildo. Ele chegou a fazer uma carta de demissão porque eu ia muito para São Paulo para provar as roupas que Clodovil e Dener estavam criando para o espetáculo e ele achava que isso atrapalhava os ensaios. Mas Vanucci o convenceu a continuar.".
Pequenos desentendimentos como esse se estenderam ao longo de toda a temporada: "Ciúme de palco, coisas assim... E eu reconheço que era muito explosiva... Me sentia uma Judy Garland...".

"Misto-quente" estreou em uma quinta-feira, 20 de julho de 1972.

Era a primeira vez que Valéria, além de cantar, também atuava como atriz.
Ansiosa, ela declarou ao jornal "O Globo" no dia da estreia: "É a minha chance de mostrar ao público brasileiro toda a minha versatilidade. Até agora eu tinha me limitado a cantar. Com esse show, terei oportunidade de representar e provar que, além de grande cantora, eu também sou uma grande atriz.".

Ao longo de uma hora e meia, Valéria cantava, dançava, representava e exibia seus luxuosos figurinos assinados por Dener, Clodovil e Guilherme Guimarães no palco do Princesa Isabel.
"Eu desfilava enquanto Pedrinho Mattar interagia com o público, que dava notas para cada um dos vestidos.", relembra.
Em certa noite, o técnico da Seleção Brasileira de Futebol Zagallo estava na plateia e fez questão de dar sua nota: "Dez para o vestido e mil para a modelo!".

Entre piadas e imitações de Agildo, Valéria também arrancava gargalhadas da plateia nos quadros de humor e brilhava cantando coisas como "Demais" e "O que tinha de ser".

Outra celebridade que assistiu "Misto-quente" foi a fadista portuguesa Amália Rodrigues, acompanhada por Joaquim de Carvalho, presidente da TAP. A noite acabou em um jantar na casa de Joaquim.

O ator Procópio Ferreira também foi conferir o espetáculo.

Depois do show, Valéria encontrou com ele nas escadas que levavam ao escritório do teatro.
Ao dar passagem para o veterano, ouviu: "De modo algum! Primeiro a beleza, depois o talento.".

A temporada de "Misto-quente" no Princesa Isabel avançou até o verão e durou sete meses.
Foi uma das dez maiores bilheterias do teatro carioca em 1972, ao lado de espetáculos icônicos como "Hoje é dia de rock", "Tango" e "Capital Federal".

Escrevendo sobre "Misto-quente" para o jornal "O Globo", o cronista Marcos André destacou a presença de Valéria: "Ela merece menção especial. Em primeiro lugar, não é um 'travesti' e nem disso dá a mínima impressão. Move-se em cena com grande dignidade artística e pode causar inveja a muita deslumbrada com o seu 'chic'... Quanto à voz grave, que alguns acham comprometedora, vale lembrar que as de Gabriella Besanzoni e Ebe Stignani eram muito mais graves e másculas.".

A feminilidade de Valéria em "Misto-quente" serviu de inspiração para que outra artista iniciasse sua transição de gênero: foi depois de assisti-la nesse espetáculo que Claudia Celeste decidiu viver como mulher.
Anos mais tarde, em 1977, ela seria a primeira travesti a atuar em uma telenovela brasileira.

É interessante notar que, embora tenha sido uma forte influência dentro do meio naquele momento, a própria Valéria não levantava bandeiras.
Exemplo disso é sua declaração em entrevista concedida ao jornal "O Globo" às vésperas da estreia de "Misto-quente": "Não sou um 'travesti'. Eu sou o que eu sou, eu sou sempre Valéria. Na Europa, não existe o 'travesti'. Existe quem optou por uma personalidade. Existem o homem e a mulher. 'Travesti' é quem se traveste, é quem se transmuda, é quem se transforma. Eu quero que todos entendam que esse não é exatamente o meu caso.".

"Valéria" reclama dos palavrões, motorista lhe quebra o nariz

O Sr. Valter Fernandes Gonzales compareceu ontem à 9ª DP com o nariz coberto de curativos para prestar queixa contra o motorista do táxi

reçam, hoje, ao Instituto Médico Legal, onde do corpo de delito que o motorista

"Valéria" faz exame de corpo de delito identifica o agressor

Chama-se Paulo Roberto dos Santos (Rua Caituba, 108, Jacarepaguá) o motorista de táxi que, frustrado em suas intenções amorosas em relação ao travesti "Valéria" que viajava em seu

torista, pois temia o escândalo que afetasse prestígio de artista

o motorista de táxi que, para ela, é apenas "um infeliz, sexualmente

"Valéria" anuncia que já perdoou o agressor

Com um curativo a cobrir estrategicamente o nariz ainda inchado dos socos que levou, o travesti "Valéria" revelou ontem aos jornalistas para explicar a agressão de que foi vítima e "acabar, de uma vez, com a publicidade negativa" feita em torno do incidente. Ela anunciou que não processará o motorista que a agrediu ao se ver frustrado em seus impulsos eróticos, e hoje mesmo retornará ao espetáculo Misto Quente, suspenso desde que fraturou

— Deve ser um infeliz, sexualmente frustrado.

Sucesso

Válter Fernandes Gonzáles fez um resumo dos seus seis meses de Brasil — "estrela" do Carroussel, em Paris, veio apenas passar férias no Rio, mas teve que ficar mais tempo, "por causa dos contratos", e só depois respondeu às perguntas dos jornalistas sobre o incidente de segunda-feira à noite.

— Não dei confiança ao motorista. Sentei no banco tra-

Modelo tentação de taxista

"Só quem conhece Valéria (o travesti) pode, realmente, não entender o soco que levou de um chofer, alta madrugada.
Valéria, com quem já conversei o suficiente no Pujol, pouco tem a ver, digamos, com a própria realidade. Muito menos com seus perigos e indagações. Criou, bem criado, o seu mundo particular e, nele, exerce a plenitude de uma liberdade construída e conquistada.
Valéria é isso: nada tem a ver com a realidade e, depois de meia hora de papo, dá para perceber que se trata de um personagem de si mesmo.
Pois bem: e toma um soco na cara. Do chofer, que estava pago para levar e trazer quem, afinal de contas, nada tem a ver com a realidade.
Como é que se agride alguém que paira um palmo e meio acima do nível do chão?"

Com essas palavras, publicadas no jornal "O Globo" no final de agosto de 1972, Sérgio Bittencourt refletia sobre um caso de grande repercussão na imprensa envolvendo a estrela de "Misto-quente".

Durante uma corrida de táxi, Valéria fora assediada pelo motorista: "Não dei confiança. Sentei no banco traseiro, mas ele não parava de me olhar pelo retrovisor. Fez a primeira proposta, eu ignorei. Mas, no sinal, ele virou-se rapidamente e apalpou minha perna.".
Assustada, ela pediu para descer do carro imediatamente.
Incapaz de aceitar a rejeição, o taxista - "um rapaz louro, magro e baixo" - reagiu violentamente: "Ele parou o carro e me arrancou do banco traseiro aos socos e pontapés, me deixando na rua com o nariz sangrando e o meu Azzaro manchado.", contou Valéria na ocasião, "Imediatamente, uma multidão se formou ao meu redor, enquanto ele continuava esbravejando. Foi quando apareceu uma viatura e os policiais perguntaram se eu queria resolver o caso na delegacia. Mas tive medo da publicidade negativa e desisti da queixa.".

Mais tarde, depois de ser medicada, Valéria foi convencida por amigos de que devia "dar uma lição" no taxista e voltou à delegacia para acusá-lo formalmente, tendo sido atendida por seu amigo Delegado Noronha, marido da vedete Lady Hilda.

Embora não tivesse havido fratura, ela chegou na delegacia com um grande curativo que lhe cobria o nariz e parte do rosto.
Curiosamente, muitos fotógrafos estavam presentes e, apesar de seus pedidos para que não o fizessem, colocaram suas câmeras em ação: "Eu não queria ser fotografada, mas fizeram várias fotografias 'de paparazzo'. Fiquei escondida na delegacia por um tempo e, quando achei que os repórteres já tinham ido embora, saí. Mas eles estavam me esperando do lado de fora e tive que correr deles pelas ruas.".

No dia seguinte, suas fotografias com o esparadrapo no rosto estampavam as páginas dos principais jornais cariocas e os repórteres continuaram em seu encalço.

Na porta do Instituto Médico Legal, onde se submeteu a um exame de corpo de delito, Valéria foi novamente assediada por fotógrafos e pediu: "Só quando eu estiver bonita novamente, rapazes.".

Esse incidente culminou com uma coletiva de imprensa convocada pela vítima para "acabar, de vez, com a publicidade negativa" em torno de seu nome.

"De calça Lee e suéter colante a lhe realçar o busto, botas negras até os joelhos e cinto de metal com adornos extravagantes, durante a entrevista Valéria não fez nenhum esforço para esconder os dois anéis de brilhantes que ostentava no anular da mão esquerda.", contou "O Globo" sobre a coletiva, na qual Valéria anunciou que perdoava seu agressor e simplificou a história.
"Ele é apenas um infeliz, sexualmente frustrado. Não vou processá-lo. Quero apenas que lhe apliquem uma leve punição, para que aprenda a agir com mais urbanidade e a respeitar as passageiras.", declarou.

As apresentações de "Misto-quente" foram suspensas durante três dias para que Valéria pudesse se restabelecer.

A partir de então, um novo caco foi acrescentado ao espetáculo.
Quando ela entrava no palco exibindo certo traje assinado por Clodovil, Agildo disparava: "Modelo tentação de taxista.".

"Mas é a Valéria..."

Um episódio ocorrido no Baile do Municipal envolvendo Valéria foi amplamente noticiado no Carnaval de 1973.

Sílvio de Moraes, o secretário da comissão que organizava a festa, recebera a incumbência de fiscalizar e evitar os excessos dos foliões.
Já era de madrugada quando, de uma das frisas, ele viu – nas palavras do jornal "O Globo" - "uma beldade que, maliciosamente, deixava todo o busto à mostra sob o casaquinho aberto, já atraindo a curiosidade de circunstantes".

"Para evitar burburinho ou escândalo, o secretário da comissão convoca prontamente um fiscal para chamar a atenção da moça audaciosa e impudente. O fiscal chega, olha e dá o serviço:
— Mas é a Valéria, aquele travesti...
E agora? Sílvio de Moraes pensou em consultar a comissão sobre o delicado problema. Mas já eram quatro horas da manhã e ele não tinha jantado. Valeria a pena entrar em seara tão controvertida? Optou, finalmente, pelo jantar."
("O Globo", 1973)

Além do Baile do Municipal, Valéria também fez presença no Baile do Copacabana Palace.

A essa altura, ela já estava descompromissada, pois seu relacionamento com Vittorio chegara ao fim: "Nos primeiros meses no Brasil, eu telefonava prometendo que voltaria logo. Quando vi que a temporada no Princesa Isabel iria se estender por tempo indeterminado, deixei de ligar para ele.".

Com o fim de "Misto-quente" e sem o apoio financeiro de Vittorio, Valéria teve que deixar o Hotel Glória e ficou por algum tempo hospedada no apartamento de sua amiga Tininha, na Avenida Atlântica.

"Perdi meu Piaget de brilhantes por causa dela.", lamenta, "Tininha morreu durante uma cirurgia plástica justamente no momento em que o meu Piaget estava sob seus cuidados. No velório, eu chorava pensando nele e as pessoas até achavam que eu era filha dela, de tanto que chorava.".
O Piaget acabou entrando no inventário da falecida e Valéria nunca conseguiu reavê-lo: "Tive que viajar e deixei minha mãe encarregada de cuidar disso. Jamais o recuperei.".

De toda forma, esse foi apenas mais um objeto de valor que ela deixou para trás.
"Na Europa, vivi como uma cortesã e tive tudo que uma mulher pode desejar. Fui cortejada pelos homens com os melhores presentes.", afirma, "Mas sempre fui perdulária. Nunca fui materialista. Eu tinha esmeraldas, peles, plumas caríssimas... Eu preferia que gastassem me dando plumas do que um apartamento! A única coisa de que pude desfrutar foram meus brilhantes, que vendi mais tarde. O resto fui deixando pelo caminho.".

A MUSA E O PINTOR

Logo que chegou no Rio, Valéria reencontrou Di Cavalcanti, de quem ficou muito próxima: "Ele foi uma pessoa muito importante para mim - sobretudo por ter me retratado.".

Di tinha um ateliê no Catete e morava nos fundos.

"Ele gostava de me presentear com peças íntimas e me pedia para desfilar diante dele.", recorda Valéria, "Mas nunca houve sexo entre nós. Era mais um voyeurismo.".

Ao longo de uma semana, ela posou para Di, trajando sua capa de leopardo: "Tinha uma gola branca tipo madrasta da Branca de Neve. Loucura minha. Não esquentava. Era só para dar pinta.".

A pintura já estava quase pronta quando, depois de uma briga com Di, sua namorada Ivete Rocha Bahia levou consigo vários quadros dele – entre os quais, o retrato de Valéria. Chateado, o pintor prometeu fazer outro quadro seu. Dessa vez, ela nem precisaria posar para ele: bastaria uma fotografia.

O segundo quadro nunca foi feito e o paradeiro do retrato de Valéria foi um mistério por mais de quatro décadas.

Somente em 2019, quando sua amiga Roberta Close – então morando na Suíça – reconheceu o quadro em uma reportagem sobre o divórcio da apresentadora de TV Luciana Gimenez e do empresário Marcelo de Carvalho, Valéria soube que ele se encontrava há vários anos no triplex do casal.

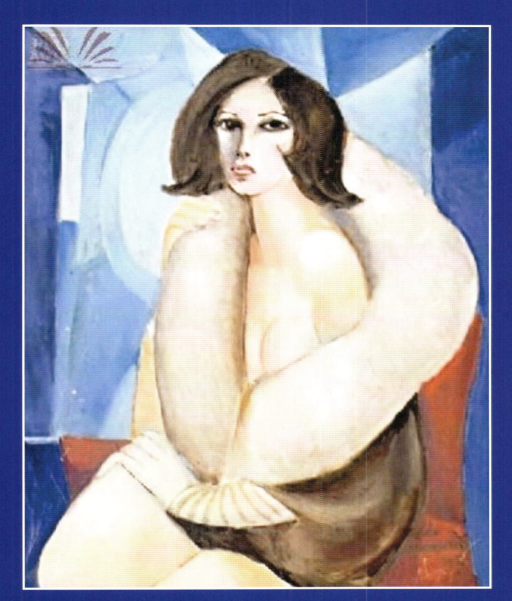

Oh, jardineiro!...

Passado o Carnaval de 1973, sem outros compromissos no Rio de Janeiro, Valéria passou a atender os convites que chegavam de outras praças.

Sua primeira parada foi o Guarujá: "Era o balneário mais chique de São Paulo. Só iam milionários. Era uma época de glamour, de muito dinheiro...".
Acompanhada por um trio de músicos comandados pelo pianista Luiz Carlos Vinhas, Valéria ficou em cartaz no Hotel Casa Grande por um bom tempo.

Quando não estava no palco, estava atendendo aos convites dos milionários que frequentavam o hotel para passeios de barco e de iate.

Em um jantar oferecido ao ex-Presidente do Brasil Juscelino Kubitschek no Casa Grande, Valéria foi apresentada ao "presidente bossa-nova" por Adolpho Bloch.
Encantado com sua performance no palco, Juscelino não se conteve: "Além de bonita, a senhorita canta muito bem.".
O elogio não era um mero lisonjeio. Prova disso é que, tempos depois, Valéria seria convidada por Juscelino para cantar em seu aniversário em Porto Alegre.
Nesse período, ele atuava como diretor-presidente do Banco Denasa e estavam presentes na festa seus companheiros de trabalho e também sua família.

Ao fim da temporada, a direção da casa lhe pediu que prorrogasse sua estadia na cidade por mais alguns dias, até o início da Convenção Internacional do Café, quando o hotel estaria lotado.

"Nos quinze dias que antecederam à chegada desse pessoal, o hotel estava vazio e eu frequentava a piscina diariamente.", relembra, "Foi ali que conheci o jardineiro do hotel, um bofe lindo, e passei a sair com ele. No fim da tarde, ele pegava sua bicicleta e ia para casa pedalando. E eu emprestava uma bicicleta do hotel e o acompanhava.".

Meses mais tarde, Valéria reencontraria o jardineiro do Casa Grande no Rio de Janeiro, em circunstâncias imprevisíveis.
Ao buscar Dener no hotel em que ele estava hospedado para uma noitada na Lapa, deu de cara com o jardineiro: "Ele estava chiquérrimo, maravilhoso... E era o acompanhante de Dener!".
"Passamos a noite inteira fingindo que não nos conhecíamos.", se diverte, "Dener tinha bom gosto: o rapaz era um luxo!".

"Além de bonita, a senhorita canta muito bem."

Juscelino Kubitschek

Amando em terras gaúchas

Cumprindo temporada na boate Encouraçado Botequim, em Porto Alegre, Valéria conheceu o jogador de futebol chileno Elías Figueroa.
Eles se reencontrariam no Rio de Janeiro algum tempo depois por ocasião de um jogo do Internacional contra o Fluminense no Maracanã.
"Liguei para o hotel no qual ele estava hospedado e combinamos de nos ver depois do jogo.", relembra Valéria, "Eu fiquei em casa assistindo a partida e o Internacional ganhou com um gol dele. Figueroa saiu do campo carregado, aclamadíssimo, e eu tinha certeza que não o veria mais depois de tudo isso. Mas, na hora marcada, ele foi me buscar.".

Mas o homem que realmente abalou o coração de Valéria em terras gaúchas foi outro: um playboy muito conhecido em Porto Alegre.

Sabendo que ela estava no Hotel Everest, o rapaz também se hospedou ali e ligou para seu quarto: "Ele disse que queria se encontrar comigo. Saímos. No dia seguinte, já encontramos os amigos dele.".

Pertencente a uma família tradicional da cidade, pai de família e em processo de separação da esposa, ele rapidamente se apaixonou por Valéria.

"Logo depois, alugamos um apartamento e fomos morar juntos. Ele me assumiu totalmente. Não me escondia. Eu frequentava todos os seus círculos sociais e estávamos sempre juntos, abraçados...", conta ela, "Nosso caso foi parar nas colunas sociais. A família dele convocou uma reunião para chamar sua atenção, dizendo que ele não podia ficar comigo. Era todo mundo contra. Mas continuamos juntos.".

Valéria ficou na capital gaúcha por um bom tempo, fazendo temporadas em locais como o Country Club, o Clube Leopoldina Juvenil e a casa noturna Barroco.

Mas a relação com o playboy não durou muito.

"Quando terminamos, o irmão dele estava se separando da esposa. Nos conhecemos na mesma boate. Nossos amigos em comum nos apresentaram. Ele era lindo. Nessa noite, saí com ele.", recorda, "Fomos para sua casa e ele tocou violão para mim na frente da lareira. Foi uma única vez. Depois da separação, esse irmão passou a viver como o outro, que até então era considerado a ovelha negra da família.".

Censurada

"O grande drama de Valéria, o travesti, é justamente esse: ser rotulado de 'travesti'. Depois, vem outro: não poder aparecer na televisão, seu sonho maior.".

Sob o título de "Draminhas urbanos", a nota reproduzida acima foi publicada na coluna de Sérgio Bittencourt no jornal "O Globo" no final de 1973.

Por aqueles dias, Valéria gravara um videoclipe para o "Fantástico".
Além de cantar acompanhada pela orquestra de Chiquinho de Moraes, ela desfilava exibindo vários vestidos durante uma narração de Francisco Cuoco: "Nada que ofendesse a família brasileira.", garante.
Mas a Divisão de Censura de Diversões Públicas não pensava assim.

A própria Valéria foi pessoalmente até Brasília para convencer Rogério Nunes, o diretor daquele departamento, a liberar a exibição de seu videoclipe.
Muito atencioso, ele se mostrou prestativo e prometeu que lhe concederia a autorização, não apenas para sua participação no "Fantástico", mas também para outros programas que a convidassem, desde que tudo que fizesse em televisão fosse gravado em videotape e submetido antecipadamente à Censura.
Tudo mentira: mais uma vez, o sonho de Valéria foi frustrado e suas aparições na TV continuaram vetadas.

...com ela eu não trabalho!

"Fernanda Montenegro, depois de brilhante raciocínio, reconheceu que 'O amante de Madame Vidal' não atrairia mais público do que os encantos e mistérios de Valéria e resolveu adiar sua própria estreia em Belo Horizonte, comparecendo com seu elenco no Teatro Marília para aplaudir o show 'Valéria Total'."
("O Globo", 1974)

Verdadeiras ou não, certas notas publicadas na imprensa alimentavam o imaginário em torno de Valéria, que ainda era um enigma para a maior parte do público.

E era justamente esse enigma que Agildo Ribeiro pretendia continuar explorando ao retomar o espetáculo "Misto-quente", dessa vez sem a direção de Augusto César Vanucci e no palco da boate Pujol.
Como o espetáculo seria dirigido pelo próprio Agildo e teria que ser adaptado às dimensões da casa, com produção bastante reduzida, optou-se pela alteração do título para "Misto-quente do outro lado".

Mas as mudanças não agradaram Valéria: "Agildo cortou muita coisa do espetáculo – sobretudo da minha parte... E nada da parte dele! Eu fiquei sendo 'menos protagonista' do que antes. Então passamos a discutir muito durante os ensaios. Por fim, ele concordou em fazer 'do meu jeito'.".

A estreia já estava marcada para o dia 09 de julho de 1974 quando veio o golpe inesperado: sem aviso prévio, Valéria chegou para ensaiar e encontrou Rogéria ensaiando em seu lugar!

Decepcionada com a amiga, passou um bom tempo sem falar com ela, considerando que era uma traição não ter lhe contado sobre o convite.
Tempos depois, em uma festa, Valéria foi ao toalete e Rogéria foi atrás: "Ela fechou a porta e me pediu desculpa. Então voltamos a nos falar.".

Desde o início de suas carreiras artísticas, as duas sempre foram apontadas como rivais pela imprensa e pelo público.
"Já na Stop, éramos as mais aplaudidas e ali se criou um clima 'Emilinha e Marlene'.", explica Valéria, "Eu era melhor cantora do que ela e ela era melhor vedete do que eu. Mas sempre fomos amigas.".

A "rivalidade" entre as duas seria a base de um espetáculo que nunca foi realizado: "Com ela eu não trabalho", com roteiro de Miele e Bôscoli e direção de Augusto César Vanucci, concebido especialmente para atender a um convite do empresário Abelardo Figueiredo, proprietário de uma das principais casas noturnas de São Paulo da época, O Beco, onde a dupla se apresentaria.

Rogéria e Agildo

A estreia estava prevista para o final de maio de 1975 e em meados de abril, "O Globo" anunciava que o show tinha sido "reduzido em mais de três horas", pois "com tantas coisas que os dois mais famosos travestis do Brasil queriam fazer, o espetáculo teria cinco horas de duração".

Durante os ensaios, porém, surgiu uma questão de ordem prática que se revelaria muito mais complexa do que poderia parecer – qual nome viria primeiro na marquise: Valéria ou Rogéria? Diante da irredutibilidade de cada uma em relação a isso - e provavelmente por conta de outras divergências - "Com ela eu não trabalho" fez jus ao seu título e foi definitivamente cancelado.

"Foi uma bobagem não termos feito aquele show. O roteiro era incrível e teria marcado época.", lamenta Valéria, "Mas éramos muito jovens e estávamos no auge de nossas carreiras. A gente se achava, sabe? E por uma babaquice, deixamos essa oportunidade escapar.".

Uma matéria intitulada "Rogéria e Valéria: A doce guerra das plumas", assinada por Nello Pedra Gandara e publicada na revista "Manchete" em dezembro de 1974, serviu para alimentar ainda mais o imaginário do público em torno da rivalidade entre as duas trazendo uma entrevista na qual ambas respondiam as mesmas perguntas.

"Entre babados e mil sorrisos, os dois travestis mais famosos do Brasil falam de suas diferenças.", dizia a chamada, ao lado de uma fotografia colorida da dupla ocupando uma página inteira.

Ao reler a entrevista mais de quatro décadas depois, Valéria achou graça na imaturidade de suas respostas e na postura nada politizada que tinha na época: "Eu era muito novinha, estava deslumbrada com tudo o que estava vivendo... Mudei muito desde então... Portanto, não assino embaixo.".

As duas são encantadoras. Ninguém fala "nos dois" porque Valéria não aceita nada que seja atributo masculino, nem nos adjetivos. Já Rogéria curte a ambiguidade. Essa é a maior diferença entre os dois mais famosos artistas travestis do Brasil. No mais, Rogéria tem 1,68m de altura, 88 de busto, 89 de quadris, 61 de cintura, 29 anos; Valéria tem 1,75m de altura, 90 de busto e quadris, 60 de cintura e 27 anos. Rogéria é de Niterói, Valéria do Rio de Janeiro. Enquanto Rogéria usa alternadamente o masculino e o feminino ao falar de si própria, Valéria já chamou um advogado para processar um repórter que a tratou, na redação de um texto, "como se fosse homem". Ao se encontrarem para esse diálogo, tanto uma como a outra queriam que seu nome aparecesse primeiro no título da reportagem. Só depois da promessa de que os nomes apareceriam por ordem alfabética, concordaram — não muito tranquilamente — em falar das semelhanças e diferenças que as tornaram rivais.

Manchete – Quando vocês se conheceram?
Rogéria – Ah, foi há quinze anos atrás, no auditório da Rádio Nacional. Eu era maquilador da Emilinha e a Valéria era o chefe do fã-clube. Nessa época, a gente ainda não fazia travesti. Me lembro que logo depois de conhecer Valéria, ela me pediu que a recomendasse ao Chacrinha. E ela foi, toda de "hominho", cantar no programa de calouros. Me lembro até de que apareceu usando uma camisa verde que eu lhe emprestei. Eu disse ao Chacrinha que ela era minha amiga – meu amigo – e que gostaria que ela ganhasse. E de fato ganhou.
Valéria – Eu, hein? Não me lembro nada dessa de emprestar camisa. Mas me lembro de você ter me recomendado ao Chacrinha. Eu fui lá cantar – já cantava como canto hoje, não é? - e aí peguei o primeiro lugar. Na Rádio Nacional, eu era secretária e também maquiladora da Emilinha Borba. Se é verdade que você me recomendou ao Chacrinha, também é certo que eu te convidei para trabalhar no show do Carrousel de Paris, onde atuamos juntas, não é mesmo?
Rogéria – Pois é, minha filha. Nós nos conhecemos em 1959. Mas já em 1969, eu estava na Espanha e você em Paris. Foi quando você me chamou pela primeira vez para atuarmos juntas. Eu não fui porque meu salário em Barcelona era muito maior do que o que pagavam a você em Paris. E quando resolvi topar, você tinha viajado para o Japão. Fiquei na França na maior fossa, tive que aprender francês em três meses. Fazia um frio louco e eu me sentia muito sozinha. Mas não foi no show do Carrousel que estreamos juntas não. Puxa pela memória, menina. Nós estreamos na Galeria Alaska, no Rio, em 1964.

Manchete – Desde então, vocês disputam o mesmo público?
Valéria – Nunca, jamais. O meu público é único: um público de amigos que me acompanha no palco e fora dele. Isso porque eu não faço questão de popularidade. Eu faço questão é de prestígio. Coisa que eu tenho muito mais do que muita gente pode imaginar. Eu não sei quem é o público de Rogéria. Só sei do meu. E ele é tão bacana que eu vim ao Brasil para ficar dois meses e já estou há dois anos. Meus amigos – meu público – não me deixam voltar.
Rogéria – O negócio é o seguinte: eu me dedico ao gênero lírico e também ao popular. Ela quis dizer que eu só curto o popular, não é, queridinha? Mas eu atinjo não só o público de Valéria como todos os outros. Agrado a gregos e troianos. Isso porque eu sou loura, vedete, chique e popular. Tenho as duas coisas: prestígio e popularidade. A Valéria gosta é de fazer o gênero esnobe.

Manchete – Vamos então estabelecer as diferenças entre vocês?
Rogéria – Valéria é uma mulher que precisa estar bem vestida no palco. E é ótima cantora. Quando ela faz o travesti-cantor, eu sou o seu maior fã. Acho até que ela poderia gravar discos. Acontece que eu, no palco, sou atriz. Sou uma "star". Valéria é uma dona de casa de "society". Entre outras coisas, ela até cozinha muito bem… Faz cada macarronada…
Valéria – A diferença básica entre nós duas é uma questão de temperamento. Eu sou capaz de fazer tudo o que ela faz. Artisticamente, tenho as mesmas condições. Tanto isso é verdade que o show que ela está fazendo – o "Misto-quente" - foi escrito especialmente para mim. Sou uma pessoa sensível demais, tranquila, comedida. Já a Rogéria é explosiva, descontraída.

Manchete – Quantas vezes vocês já brigaram?
Rogéria – Eu já briguei muito "por" Valéria. Dentro do próprio Carrousel, cheguei a sair aos tapas para defendê-la. E também já briguei com ela. Ou melhor: já lhe disse um monte de verdades. Sempre pessoalmente. E por terem sido expressões sinceras, mantemos relações cordiais, até hoje. No ramo, isso é meio difícil.
Valéria – Acontece que nós duas somos atrizes. Tivemos algumas brigas, mas foram todas passageiras, não é? Consequências da diferença de temperamentos. Nunca ficamos sem nos falar.

Manchete – Agora vocês devem falar dos defeitos e qualidades de ambas.
Valéria – A Rogéria tem muitas qualidades. Tantas que é minha rival. Defeitos eu nunca notei.
Rogéria – Ah, deixa eu te dar um beijo, queridinha. Sinceramente, não há em Valéria uma qualidade que eu gostaria de ter. Mas admiro o seu coração enorme. O grande defeito que encontro nela é a timidez excessiva, a insegurança. Isso às vezes a torna antipática, falsamente antipática. Nesse ponto, ela é o meu oposto.

Manchete – O que é que uma já fez que a outra gostaria de ter feito?
Rogéria – Artisticamente, eu gostaria de ter trabalhado com o Miele e o Bôscoli, como Valéria trabalhou.
Valéria – Acho essa pergunta ótima, porque eu estava louca para dizer que eu só gostaria de fazer o que ela "não" fez. Não tenho a mínima vontade de fazer o gênero que ela faz… Eu não gosto de trabalhar com elencos. Por causa disso é que eu não quis ser estrela do show de Carlos Machado e…
Rogéria – Não minta! Quis sim e não pôde. Você bem sabe que só eu é que consegui ser estrela dentro de um elenco de mulheres. Você não conseguiu e inventa essa história de que é contra elencos.

Manchete – Vocês fariam um espetáculo juntas?
Rogéria – Nós fomos lançadas juntas. Não vejo nenhuma razão para trabalharmos juntas outra vez. Já atuei ao lado de mulheres maravilhosas, atrizes divinas… Não, eu não trabalharia com Valéria. Sou uma profissional.
Valéria – Dependendo da categoria do show, eu voltaria a trabalhar com Rogéria. Contanto que o espetáculo não seja grosso, não tenha palavrão.

Manchete – Quais as vantagens de ser mulher? E as desvantagens?
Rogéria – A vantagem é ser paquerada. A desvantagem é ter uma vírgula para atrapalhar. Vou ser mais clara: a vantagem é que é tudo mais fácil estando de mulher e tendo as medidas certas nos lugares certos, entendeu? Se eu estivesse vestido de homem, acho que tudo seria muito mais difícil. Mas não abdico do meu lado masculino. Para uns, eu uso a personalidade de Rogéria, meu nome artístico; para outros, a de Astolfo, meu nome de batismo. Rogéria funciona melhor no supermercado, no palco, na leiteria, na luta por um táxi, etc. Há uma desvantagem: ela não pode andar sozinha depois de certa hora da noite. E é aí que aparece o Astolfo. O que a Rogéria não faz (o que é muito pouca coisa), o Astolfo resolve. Como toda pessoa do signo de Gêmeos, eu tenho dupla personalidade. Uso, conforme me convém, uma ou outra.
Valéria – Eu também sou de Gêmeos, mas estou de acordo com Rogéria apenas quando ela fala das vantagens de ser mulher. Não conheço as desvantagens, porque nunca fui outra coisa. Adoro ser mulher, nunca pensei em termos masculinos. Sempre fui tratada e agi, física e espiritualmente, como uma mulher.

A maior diferença entre as duas é que Rogéria se orgulha de ter sido um *hominho*. Valéria não admite nenhum passado masculino e afirma que sempre foi superfeminina

Manchete — Qual das duas se transformou primeiro?
Valéria — Não entendo a pergunta. Nunca houve transformação ou mudança. Não houve nada... Eu sempre fui mulher.
Rogéria — Tá bom, queridinha, tá bom. Acontece que eu assumo, com o maior orgulho, a minha infância. Eu joguei futebol, pesquei rã no rio, cacei balão de São João e tudo o mais que um moleque normal e sadio faz. Eu acho que é daí que vem a minha segurança na vida. Consegui ser um "hominho" - sem os requisitos totais, é claro. Vivi como tal, até que, de repente, num certo verão, joguei um vestido no corpo e ergui um salto alto no meio da rua. Eu tenho uma amiga que também faz travesti que diz não ter passado por nada disso. É lamentável. Porque tive essa experiência é que não tenho frustração e sou...
Valéria — Eu não sou nenhuma frustrada e não admito que...
Rogéria — Cala a boca, mulher. Não estou falando de você. Você não é a única que faz travesti no mundo. Se a carapuça serviu... O que eu quero dizer é que tudo isso que eu passei não me impediu de me transformar numa mulher com uma silhueta espetacular. Eu corri, brinquei, lutei, quebrei a cara e estou aqui. Metade-metade. Pretender ser somente uma mulher deve ser chato demais. O meu sucesso está na dualidade.

Manchete — O que vocês acham do Women's Lib?
Rogéria — Acho uma pobreza total. A mulher, em vez de andar protestando, deveria era procurar um homem para protegê-la, para ampará-la. As feministas são um bando de loucas que não sabem curtir a maravilha que é ser mulher.
Valéria — As feministas não estão com nada. Eu faço questão de ter homem me amparando, me acendendo o cigarro, colocando o meu "mink", me abrindo a porta do carro...

Manchete — E sobre o Gay Power, vocês têm a mesma opinião?
Valéria — Para mim, eles também não estão com nada. Mas cada um deve ficar na sua, não? Eles na deles e eu na minha.
Rogéria — Comigo é em outra base. Sou Rainha do Gay Power. Sou a porta-bandeira deles. Ativista. E puxo qualquer passeata a favor.

Manchete — Aderir ao travesti ajudou vocês a subirem socialmente?
Rogéria — Sou bem recebido em todos os ambientes – classe média e classe alta. Mas não curto muito a grã-finagem. Não frequento lugares por causa das contas bancárias das pessoas. O travesti me lançou, mas se sou convidada é por minha personalidade, por ser Rogéria.
Valéria — O que eu quero dizer é que não faço travesti. Eu não me transvisto. Sou Valéria, 24 horas por dia. Mas foi como artista que consegui prestígio.

Manchete — Mas vocês ainda são alvo de curiosidade?
Valéria — Eu não sou. E se já fui, ignoro. Acho que sou olhada por ser uma mulher bonita. Poderia, no máximo, ser olhada como mulher-objeto; mas como curiosidade não.
Rogéria — Felizes daqueles que são olhados, nem que seja como curiosidade. E se eu for curiosidade, é porque sou o fenômeno Rogéria. E Rogéria é produto de consumo. Aliás, um enigma do consumo. Esse enigma faz parte da minha personalidade.

Manchete — Como vocês se relacionam com as mulheres?
Rogéria — É um relacionamento estranho. A primeira coisa que uma mulher me pergunta é se meus cabelos são naturais. Acham impossível que eu tenha esses cabelos maravilhosos. Nunca usei peruca, como certas pessoas... Acho que ao mesmo tempo que me admiram, sentem alguma inveja. Pelo menos do cabelo. Mas as mulheres são as minhas maiores fãs. Depois dos meus espetáculos, eu dou a maioria dos autógrafos para elas. Sabe, no fundo, eu acho que mulher é a coisa mais sensacional que Deus criou. Tanto eu creio nisso que a imito. Amo as mulheres. E são elas que levam seus homens para me ver.
Valéria — Meu relacionamento com as mulheres é simplesmente um relacionamento de mulher para mulher. E não sou vista de outra forma por elas. No máximo podem me olhar como uma concorrente.

Manchete — Citem três mulheres que vocês admiram.
Rogéria — Fernanda Montenegro, Lourdes Catão e Lúcia Pedroso.
Valéria — Fernanda Montenegro, Beki Klabin e eu.

Manchete — O que vocês gostariam de dizer uma para a outra que ainda não disseram?
Valéria — Cuidado com as companhias, bem.
Rogéria — Pense mais no futuro, queridinha.

Ao reler a entrevista mais de quatro décadas depois, Valéria achou graça na imaturidade de suas respostas e na postura nada politizada que tinha na época: "Eu era muito novinha, estava deslumbrada com tudo o que estava vivendo... Mudei muito desde então... Portanto, não assino embaixo."

A Bahia te espera!

Em 1974, Valéria já conhecia boa parte da Europa e até o Japão, mas ainda não tinha realizado um velho sonho: conhecer a Bahia, tão exaltada nas canções que ouvia desde a infância nas vozes de cantoras como Lana Bittencourt, que chegara a gravar um disco inteiro – justamente um dos prediletos de Valéria – somente com músicas sobre a Bahia.
Por isso, foi com grande entusiasmo que ela aceitou um convite para se apresentar na Boate Clock, em Salvador.

Valéria desembarcou em terras baianas em dezembro, mês das festas de largo que marcam o início do verão.

"A Clock ficava no Contorno. Dali, se via toda a baía de Salvador.", relembra, "Havia uma faixa amarela imensa com o nome do show - 'Valéria Total' - escrito em preto. A faixa era tão grande que podia ser vista da cidade inteira.".

Exageros à parte, aquela era uma das principais casas noturnas na época, frequentada pelo jet set baiano, incluindo figurões como o casal Vinícius de Moraes e Gessy Gesse, em cuja casa em Itapuã Valéria conheceu Carybé, Mãe Menininha do Gantois, Mãe Olga do Alaketu e outros.

Trabalhando na Clock, Valéria viveu um romance passageiro – porém intenso – com um empresário conhecido como Pipoca.

"Foi uma história linda. Ele tinha um saveiro. Em certa noite, combinamos de nos encontrar depois do show. No exato momento em que entrei em cena na Clock, o Pipoca, do alto-mar, soltou fogos de artifício.", recorda Valéria, "Eu vi os fogos do palco e sabia que era para mim, mas nem disse nada para o público, pois iam pensar: 'Ih! Essa bicha tá louca!'.".

Ao fim do espetáculo, um carro esperava Valéria para levá-la ao Porto da Barra, de onde um marinheiro a conduziu a bordo de um barco até o saveiro: "Foi uma noite maravilhosa: uma lua linda, calor, a gente tomando champanhe e curtindo...
E eu, correndo ao encontro do Pipoca, me sentia a Marilyn Monroe naquele filme em que ela sai do show e vai encontrar um falso milionário.".

Pipoca não foi o único homem na vida de Valéria naquela temporada em Salvador. "Eu era muito cobiçada. Os homens me desejavam muito e tive casos com vários.", confessa, "Além disso, os baianos são muito fogosos. O sexo pode rolar em qualquer lugar e hora. Eles são mais do que liberais – está no sangue. O sexo acontece na praia, atrás das pedras, na cama, no chão, no Jardim dos Namorados, no Jardim de Alah... O clima, os coqueiros, a lua... Tudo ajuda.".

...para ver Valéria bailar em cima do caminhão!

Ao fim da temporada na Clock, Valéria aceitou o convite do ator e diretor Eduardo Cabús para se apresentar no Teatro Gamboa.

Nesse período, ela estava muito próxima da artista plástica Luz da Serra, uma grande agitadora cultural de Salvador. Luz era mãe do cantor e compositor Waltinho Queiroz, fundador do emblemático Bloco do Jacu, símbolo de um Carnaval pré-trio elétrico.
Foi dela a ideia de colocar Valéria em cima do caminhão do Jacu, onde – até então – ficava apenas a banda.

"Fizeram um tablado para mim em cima do capô do caminhão. Saí dançando em cima e comandando o bloco, vestindo uma roupa tropical, carnavalesca, feita com o mesmo tecido da mortalha azul-turquesa típica do Jacu. Me deram muitos metros de tecido e Ney Galvão criou o meu traje.", relembra, "Sacudi Salvador. Por onde o bloco passou, as famílias que viam tudo dos prédios me ovacionaram. Agradei tanto que aquilo se repetiu por muitos anos e me tornei uma das principais figuras do Carnaval baiano.".

Todos os anos, Waltinho Queiroz compunha novas músicas para o bloco.
Em certo Carnaval, Valéria já estava tão incorporada ao Jacu que foi citada na letra.

Outra música sempre lembrada no bloco era "Severina Xique-Xique", mas com a letra "levemente" alterada. Em vez de cantar "ele tá de olho é na butique dela", a banda só tocava até o "ele tá de olho" e parava – então a multidão respondia em coro: "É na boceta da Valéria!".

"E eu, em cima do bloco, fazia a tímida, fingindo que estava envergonhada.", se diverte, "Eu não queria que as famílias que estavam assistindo pensassem que eu incentivava aquilo... Mas, no fundo, adorava!".

O "casamento" de Valéria com o Bloco do Jacu durou até o final dos anos 1980, quando os trios elétricos dominaram o Carnaval da Bahia: "Depois que surgiram os trios, não dava mais para sair um bloco. O Jacu nunca teve corda, era 'livre como um passarinho'. Era impossível sair atrás ou na frente daqueles trios enormes, com som altíssimo, guitarras... Então os blocos deixaram de sair.".

*nesse Carnaval, mistura
frevo com lambada
para mudar um pouco o gingado
para mexer com nova emoção
para ver Valéria bailar
em cima do caminhão!*

Os anos em que Valéria desfilou com o Bloco do Jacu deixaram boas histórias.

"Eu não parava de dançar das quatro da tarde às dez da noite. Eu lá em cima, com todo mundo olhando para mim, não podia parar nunca. Quando não aguentava mais, sentava e fazia poses.", desabafa, "E fazer pipi? Era impossível descer, ir a um banheiro e voltar. Então eu deixava uma lata de cerveja cair sobre a minha roupa – 'sem querer' – e aproveitava para urinar. O molhado da cerveja se misturava com o xixi e ninguém percebia.'.

Com tanta popularidade, Valéria não conseguia nem mesmo sair na rua e curtir os festejos. Era imediatamente reconhecida e causava tumulto.
"Certa vez, fiz dois buracos em uma fronha, pintei uma boca nela, enfiei na cabeça e saí. Estava louca para aproveitar o Carnaval!", conta, "Mal saí e as pessoas começaram a gritar: 'Valéria!'. Fiquei durinha! Não teve jeito: voltei para o hotel e desisti dos meus planos.".

Em um dos carnavais de Valéria no Jacu, a ex-primeira dama Yolanda Costa e Silva estava presente, desfilando com o bloco.
Anos mais tarde, quando alguém perguntou a Caetano Veloso se ele conhecia Valéria em uma festa na qual os dois estavam presentes, o cantor respondeu: "Você quer algo mais tropicalista do que Valéria e Yolanda Costa e Silva desfilando no mesmo bloco?".
O fato é que as duas se tornaram grandes amigas e Valéria chegou até mesmo a cantar em um aniversário de Yolanda, acompanhada ao piano pela renomada Carolina Cardoso de Menezes.

Nos anos em que o público sabia que Valéria estava fora do Brasil, crescia a expectativa em relação à sua presença no bloco: "Eu representava a alegria do Jacu. Eu comandava essa alegria. Então ficava aquela dúvida, todo mundo preocupado: 'Será que Valéria vem?'. Só começava a haver grande vendagem das mortalhas quando eu chegava na cidade e comparecia em um ensaio do grupo – era a confirmação de que ia ter Valéria no Carnaval daquele ano.".

Quando o desfile terminava, Valéria corria para o hotel, trocava de roupa e seguia para os bailes de Carnaval dos clubes sociais locais, que começavam depois da meia-noite.

Outro evento imperdível para ela era a Festa do Porão, realizada todos os anos na casa de Lucy e Zeca Carvalho na Ladeira da Barra: "Tinha música ao vivo e durava os quatro dias do Carnaval. Ia gente como Pelé e Martha Rocha, muitos famosos e poderosos, todos a caráter, com fantasias de cigana, pirata e outras. Lá, você bebia do melhor uísque e comia da melhor comida. E eram todos convidados de verdade – não tinha convite vendido.".

"Acredito que me tornei essa figura tão importante no Carnaval da Bahia pela minha autenticidade e maneira de ser, de me comportar, de não ser uma figura vulgar.", avalia Valéria, "Eu só transmitia alegria, elegância, classe, arte e glamour e o povo baiano se identificou comigo de imediato.".

Valéria Confidencial

Em meados de 1975, Valéria recebeu um convite inusitado: Flávio Cavalcanti pretendia realizar uma temporada com ela na casa noturna recém-inaugurada Preto 22 – de sua propriedade – em Ipanema.

O show da imprevisível dupla faria parte de um projeto maior de Flávio intitulado "Confidencial", dentro do qual ele também recebeu nomes como Dercy Gonçalves e Chico Anysio.
Tratava-se de uma entrevista roteirizada e – no caso de Valéria – mesclada com números musicais.

"A convivência com Flávio acontece somente no momento do espetáculo. Toda a transação da produção era tratada com o filho dele, Flavinho.", explica, "Flávio chegava em cima da hora, dava boa noite e já entrávamos em cena.".

Fora do Preto 22, Valéria e Flávio foram juntos ao teatro algumas vezes, à guisa de divulgação do "Confidencial".
"Ele curtia observar a reação do público aos nos ver juntos no saguão.", recorda, "Flávio fazia aquele tipo todo careta e de repente aparecia em público com a Valéria. Ninguém esperava por isso.".

Fafá de Belém, então nas paradas de sucesso com sua gravação de "Filho da Bahia" - composição do mesmo Waltinho Queiroz do Bloco do Jacu – abria o espetáculo.

Em seguida, entravam Valéria e Flávio: "As perguntas eram sempre as mesmas. Mas eu improvisava as respostas. Em certo momento, ele me pedia para fazer uma lista dos homens brasileiros que eu achava mais sexy. Na época, eu dizia Walter Clark, Rivelino, Márcio Braga, Tony Mayrink Veiga...".

Por sugestão de Augusto César Vanucci, Valéria declamava o poema "Feminina", de Mário de Sá-Carneiro, guiado pela frase "eu queria ser mulher" iniciando cada estrofe.

Na boca de Valéria, versos nada feministas como "eu queria ser mulher pra não ter que pensar na vida e conhecer muitos velhos a quem pedisse dinheiro" ganhavam sentido especial ao se alinharem com suas declarações em uma entrevista concedida a Nina Chaves para divulgar o show com Flávio.

"Nada é mais maravilhoso para uma mulher do que um homem acendendo seu cigarro, abrindo a porta do carro ou colocando um 'mink' sobre suas costas. Tenho amigas feministas, mas acho que deveriam usar sua inteligência para conquistar o macho e não brigar com ele.", declarou Valéria, citando em seguida Zsa Zsa Gabor, Jean Harlow e Marilyn Monroe como "as criaturas que souberam tirar proveito de sua feminilidade e jamais perderam a fé nos homens".

Na mesma entrevista, publicada no jornal "O Globo", Valéria aproveitou para falar de suas idiossincrasias: "Levo cantadas e adoro – mesmo que o cavalheiro, lá pelo meio dela, descubra que está cantando a Valéria. Acredito na afinidade, sou dupla de reações, volúvel ao extremo. Gosto de homem, caviar, champanhe. Detesto imposto sobre a renda e acordar cedo. Meus tons são preto no branco. Talismã, um brilhante imenso que trago nos dedos dado por um industrial paulista. Quanto a homens, casados ou solteiros não fazem diferença, o problema é deles.".

Interrogada sobre seu livro de cabeceira, foi assertiva: "Escreva aí: o livro de telefones.".

Em 1975, a estreante Fafá de Belém abria o show de Valéria e Flávio Cavalcanti no Preto 22 - a amizade das duas artistas duraria bem mais do que aquela temporada

"Flávio fazia aquele tipo todo careta e de repente aparecia em público com a Valéria. Ninguém esperava por isso."

Um homem, uma mulher
Apenas uma inconsequente brincadeira a duas

Localizada no bairro paulistano do Bixiga, a boate Igrejinha se tornou instantaneamente icônica entre o público boêmio dos anos 1970 ao apresentar - de madrugada - shows de artistas como a cantora e compositora Maysa, que realizou em seu palco sua derradeira temporada.

Em agosto de 1976, foi a vez de uma dupla inusitada estrelar o espetáculo da vez na Igrejinha: dirigidas por Celso Curi, Valéria e a cantora Aracy de Almeida dividiam o microfone e se alternavam em números individuais em "Um homem, uma mulher", cujas intenções humorísticas já começavam no próprio título, que fazia troça com o travestismo da primeira e os rumores sobre a sexualidade dúbia da segunda, deixando a dúvida no ar: afinal, quem era o homem e quem era a mulher ali?

O entrosamento foi imediato, embora Aracy tivesse reservas em relação às travestis em geral.
"Eu sempre tive um pé atrás com 'bicha' por causa dos 'faniquitos'.", confessou a cantora à companheira de palco, "Mas você é diferente, profissional... Uma artista de verdade!".

E por falar em "faniquito", vale lembrar que dirigir Aracy era uma missão quase impossível - e fazê-la decorar o texto ainda mais.
Durante os ensaios, ela sentia fome de meia em meia hora e pedia um prato de arroz com frango para saciar seu apetite voraz.
Seu famigerado temperamento também marcava presença no show.

"Cada noite parece ser a última apresentação.", escreveu um repórter de "O Globo" que foi assisti-las, "Não que o espetáculo desagrade o público que lota a boate de domingo a quarta-feira. Ao contrário. Mas o diálogo travado entre Aracy de Almeida e Valéria está se tornando cada vez mais 'carregado'. Aracy, por exemplo, chama Valéria de 'meu filho', aludindo à sua condição de travesti. Valéria, por sua vez, sabendo que Aracy não admite críticas a Noel Rosa, não faz outra coisa. Aracy aceita a provocação e sai inteiramente do script, criando um clima de final de festa. Mas é justamente o improviso que faz o sucesso de 'Um homem, uma mulher'.".

"A provocação é apenas no palco.", esclareceu Valéria ao repórter, "Longe dele, somos amigas.".

Quando um jornalista do "Shopping News" questionou se os tipos que cada uma encarnava no show não eram meros personagens, Aracy negou: "Nada disso é tipo. Não faço personagem não. Sou Aracy Teles de Almeida, dama da Central, porque nasci, cresci e vou morrer no subúrbio. Boêmia, por natureza, formação e, até, por opção. Digo o que quero e faço o que digo. E se alguém acha que toda essa minha manha é 'interpretar personagem', tudo bem. Pelo menos é um bom personagem. E... Estamos conversados.".

Valéria foi descrita pelo mesmo repórter como uma mulher que "gosta das madrugadas, mas prefere vivê-las em casas da alta sociedade, em macios sofás, com copo de cristal na mão, de preferência cheio de uísque estrangeiro e gelo de água pura", cujo "maior prazer - talvez maior do que vivê-las - é contar histórias de amor ('das muitas' que viveu)".

"Talvez faça tipo. Quem não faz?", se defendeu Valéria, "Mas posso garantir, a quem duvidar, que meu personagem tem muitos pontos em comum comigo. É o único que posso interpretar com dose de alto realismo, entende? Cito mesmo gente famosa, vivo mesmo em casas da alta sociedade, curto joias, vestidos caros, o que for luxuoso. E daí? As coisas não são assim tão maravilhosas que nos permitam opções. Para mim, não sobrou muita coisa. Apenas uma chance de viver muito bem. Eu a utilizo, é só.".

Arrematando a reportagem publicada no "Shopping News", o jornalista opinava sobre o show: "'Um homem, uma mulher' não tem compromissos. Nem musicais, nem estéticos, muito menos ideológicos. Nem chega a discutir o que o título propõe. É, aliás, o que quiseram Aracy de Almeida e Valéria: 'apenas uma inconsequente brincadeira a duas'. Por isso mesmo, a linguagem de palco exata para a noite. 'Depois do terceiro uísque', não há quem queira discutir música, estética, ideologia, sexualidade. O interessante é ver alguma coisa bonita e ouvir piadas inteligentes ou músicas bem cantadas. E isso 'Um homem, uma mulher' tem. A beleza por conta de Valéria. A boa piada e a música bem cantada às custas de Aracy. Sem que, em seu setor, uma jamais abale o prestígio da outra. (...) Aracy cantou brilhantemente Noel e disse improvisos com a maestria de um Woody Allen. Valéria falou seus textos e cantou suas músicas, mas brilhou num capítulo em que poucas lhe fazem frente: a beleza.".

"Me dei bem com Araca apesar da personalidade forte dela. Ficamos muito amigas.", relembra Valéria, "Durante a semana, eu sempre viajava com ela para o Rio, de trem. Eu deixava de viajar de avião para fazer companhia a ela.".
No vagão, a veterana reclamava o tempo todo - do ar quente ou frio ou das pessoas falando alto: "O mau humor dela era muito presente, mas todos achavam engraçado, ninguém levava muito a sério.".

Em São Paulo, Aracy vivia no hotel Normandie, na Avenida Ipiranga.
Sentada no hall do hotel com Valéria, soltava cada vez que um hóspede entrava: "Olha a mala do bofe!".
"Ela observava mais a mala dos homens do que eu!", se diverte Valéria.

Um companheiro constante das noitadas das duas era Dener, um dos melhores amigos de Aracy, a quem chamava de "papai". Reza a lenda que, em certa feita, Dener resolveu costurar uma roupa para a cantora e anunciou: "Quero fazer uma roupa roxa. Que tom de roxo você prefere, Aracy? Roxo forte? Roxo fraco?".
A resposta foi inesquecível: "Prefiro roxo-boceta!".

"Nada disso é tipo.
Não faço personagem não.
Sou Aracy Teles de Almeida, dama da Central,
porque nasci, cresci
e vou morrer no subúrbio.
Boêmia, por natureza, formação
e, até, por opção. Digo o que quero
e faço o que digo.
E se alguém acha que toda
essa minha manha é
'interpretar personagem',
tudo bem. Pelo menos
é um bom personagem.
E... Estamos conversados."

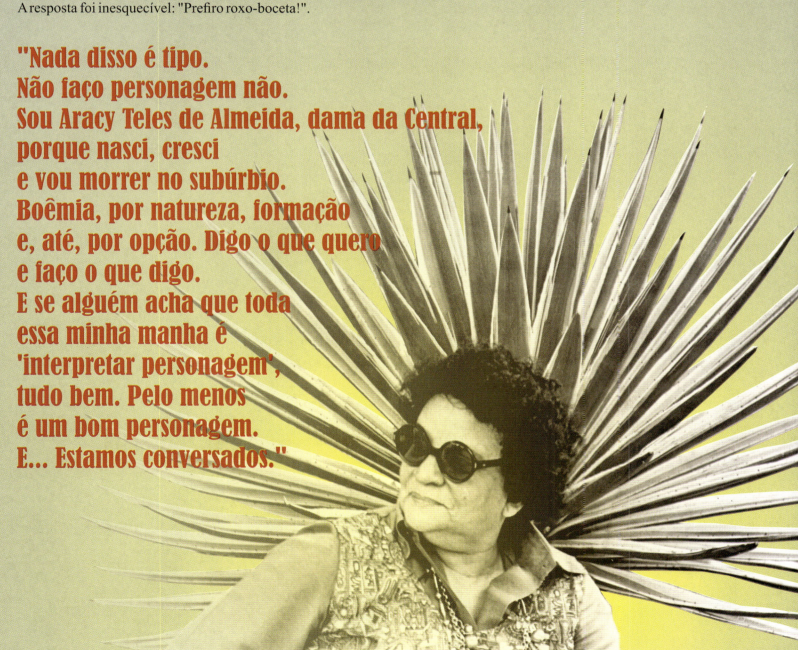

De volta ao Uruguai

No verão de 1977, Valéria partiu para o Uruguai para se apresentar novamente na famosa boate Bonanza, uma das principais casas de Montevidéu.
Ali, foi convidada para realizar uma temporada no cassino San Rafael, em Punta del Este.
"Naquele verão, nem fui para Salvador. Foi glorioso!", recorda.

"O salão de shows do San Rafael se chamava Le Carrousel. Na sala de jogos, você podia encontrar turistas de diversas partes do mundo. Yolanda Merlo era a proprietária. Grandes atrações do Brasil e do mundo já tinham passado por lá: a companhia de Carlos Machado, Maysa, Nana Caymmi, Charles Aznavour.", conta, "Sempre que eu estava no San Rafael, ficava hospedada no hotel. Pelos corredores, o entra e sai de hóspedes era um verdadeiro desfile de moda, de luxo… Fiz temporadas lá até a década de 1990.".

Reduto de milionários, o San Rafael serviu de vitrine para que Valéria fosse contratada para cantar em outros locais em Punta del Este – inclusive em festas particulares.
"Trabalhei em todos os cassinos locais: além do San Rafael, Nogaró e Conrad. E também nas casas Las Brujas, El Vitral, Pizza Napoli, 007, entre outras.", enumera Valéria, "Fui vista por Carlos Monzón, Alberto Olmedo, Susana Rinaldi, Susana Giménez, Tato Bores, Antonio Gasalla e toda a 'farándula' argentina. Fiquei muito amiga de Gasalla, para mim um dos maiores artistas argentinos. Mais tarde, ele veio a dirigir um show meu em sua terra.".

"Cantei no aniversário da matriarca de uma família de príncipes, donos de vinícolas: a mãe de Laetitia d'Arenberg, Marie-Thérèse. A festa foi realizada em um chatô divino!", prossegue, "Quando comecei a cantar, acabou a luz. E o gerador estava com problema! Então acenderam os faróis de todos os carros estacionados no jardim… Todos voltados para dentro da casa… E me iluminaram enquanto eu cantava à capela! Foi lindíssimo!".

Foi nesse período que Valéria se aproximou de uma famosa brasileira que vivia no Uruguai há muitos anos: "A mais bela primeira-dama que o Brasil já teve: Maria Thereza Goulart. Nos conhecemos através de nosso cabeleireiro em comum, Gonzalo Perrone. Ele atendia todas as atrações internacionais que chegavam em Punta del Este: entre as brasileiras, Gonzalo penteou Ângela Maria, Maria Creuza… Quanto a Maria Thereza, passamos a nos encontrar sempre que eu estava em cartaz por lá. Fiquei hospedada na casa dela algumas vezes, conheci toda a família… Nos fundos, tinha uma figueira. Colhíamos os figos verdes e fazíamos doce de figo juntas.".

"A mais bela primeira-dama que o Brasil já teve: Maria Thereza Goulart."

Essa figueira também deixou outras lembranças muito boas para Valéria: "Em certo fim de noite, pelos bares da zona portuária, conheci um pescador. Ele estava bebendo para comemorar o nascimento de seu filho. A esposa ainda no hospital, tinha acabado de dar à luz. A farra acabou embaixo da figueira, onde 'festejamos' até o sol nascer.".

Por essa época, Valéria voltou a participar do festival musical realizado em Piriápolis – dessa vez, vestida como mulher.
Nessa edição, ela não era a única brasileira, pois Ângela Maria também concorreu: "Levei o quarto lugar e Ângela foi eleita a melhor intérprete.".

"Divina Valeria", o espetáculo

Ao retornar para Montevidéu, Valéria foi procurada pelo conhecido diretor teatral uruguaio Nelson Spagnolo, que desejava que ela estrelasse uma peça de sua autoria.

A personagem – assim como a artista que a interpretaria – era uma diva e Spagnolo pediu a Valéria que contasse histórias de sua trajetória que poderiam ser aproveitadas no roteiro.
"Ele gravou meu depoimento.", ela conta, "No dia seguinte, decidiu que não escreveria nada. Apenas armaria uma base para o espetáculo dentro da qual eu contaria ao público exatamente o que tinha contado a ele, do meu jeito.".

"Divina Valeria" - esse era o título da peça – estreou no café-concerto Estrellas.

O sucesso foi tão grande que o público uruguaio nunca mais deixou de chamar a artista de Divina Valeria.
Por fim, ela própria oficializou o acréscimo do Divina ao seu nome artístico e passou a usá-lo em seus trabalhos.

A cena final de "Divina Valeria" foi repetida em diversos shows ao longo de sua carreira: "Eu terminava o espetáculo em um cenário de camarim, cantando 'O show já terminou' enquanto limpava a maquiagem... Ficava de cara lavada, vestia uma bata branca de cetim e... Tirava a peruca! O público ficava espantado e aplaudia de pé. As pessoas pensavam que ia surgir um homem quando me viam tirando a peruca... E isso não acontecia, pois meu cabelo natural sempre foi longo... Então eu continuava sendo uma mulher.".

A Rita Hayworth do Miguelete

Quando a temporada do espetáculo "Divina Valeria" terminou, Valéria se apresentou em Santa Maria, no Rio Grande do Sul.
Ela viajou acompanhada por um namorado uruguaio e o casal fez uma parada na fronteiriça Rivera, onde um motorista de Santa Maria buscaria a artista.
Enquanto esperavam o carro, resolveram dar uma volta pela avenida principal de Rivera. Foi ali que os contratempos começaram: dois policiais à paisana abordaram o casal e pediram que o rapaz os acompanhasse até a delegacia – havia um mandato de busca contra ele.
Na delegacia, Valéria foi avisada de que teria que seguir viagem sozinha, pois seu namorado deveria regressar a Montevidéu por conta de uma acusação – até então, desconhecida pelos dois.

Preocupada, Valéria cumpriu seu compromisso em Santa Maria e retornou a Rivera no dia seguinte, a fim de tomar um ônibus para Montevidéu.
Em certo momento da viagem, na fronteira do Chuí, todos os passageiros tiveram que apresentar seus documentos.
Assustada, Valéria viu todo mundo reembarcar e partir enquanto somente ela era orientada a aguardar pela chegada da polícia.

Conduzida à delegacia local, Valéria foi avisada de que teria que ficar detida até a manhã seguinte, quando a levariam para Montevidéu.
"Eu perguntava o motivo e ninguém explicava. Eu não imaginava o que era. Então me lembrei de algo: dias antes, eu, meu namorado e um grupo de amigos tínhamos comprado anfetaminas usando uma receita médica falsa. Um deles trabalhava com um médico e roubara seu talonário.", conta Valéria, "Eu trazia comigo alguns desses comprimidos. Então pedi para pegar um agasalho na minha mala e aproveitei para dispensar a droga, que estava escondida na bainha de um vestido. No toalete, joguei tudo dentro do vaso.".

De manhã, já na delegacia de Montevidéu, Valéria tinha certeza de que estava limpa.
Muito tranquila, aguardou o momento de se apresentar ao delegado trancada dentro de uma cela, de cuja janela podia ver seus amigos presos em outras celas – acenando, eles tentavam explicar o que estava acontecendo, confirmando sua suspeita.

Diante do delegado, ela até tentou negar seu envolvimento com o caso da falsa receita médica, que tinha sido descoberta e denunciada pelo dono do talonário.

"Mas não teve jeito: acabei confessando.", recorda, "Todos nós fomos levados para uma espécie de clínica de desintoxicação, onde nos davam muitos comprimidos ao longo do dia. Nós guardávamos todos para tomar de uma vez só. Aí passávamos a noite acordados, fazendo desfiles enrolados em lençóis. O dormitório era enorme e não tinha quase ninguém além de nós. Durante o dia, brincávamos de amarelinha no pátio.".

Uma semana depois, quando os supervisores perceberam que nenhum deles era viciado, o grupo foi enviado a um juiz, que os condenou à detenção em um presídio comum.

Trajando um vestido branco de renda, Valéria deu entrada no conhecido presídio de Miguelete.
Lá dentro, a encaminharam para uma ala destinada exclusivamente a homossexuais e travestis.
Em cada cela, dormiam duas ou três pessoas.

"Fazíamos a nossa própria comida. A mãe de um dos meus amigos que também estava preso comprava todos os mantimentos que eu precisava e levava no dia de visita. Meu namorado tinha sido encaminhado a outro presídio.", relembra, "Passei treze dias divertidíssimos, maravilhosos. Os homens e as bichas saíam em horários diferentes para o banho de sol. Nós víamos eles apenas através de uma pequena janela. Vários se apaixonaram por mim e me enviavam cartas. Diziam que não conseguiam dormir de tanto que pensavam em mim. Até hoje guardo essas cartas... São lindas! Eu correspondia a esse amor fazendo quitutes e mandando para eles. Às vezes, pela janela, eu mostrava os seios enquanto eles se masturbavam me olhando.".

Enquanto seus admiradores tomavam sol, Valéria sentava na janela e, com as pernas encaixadas entre os vãos das barras de ferro, cantava "O show já terminou" para eles: "O presídio vinha abaixo, me ovacionava... E eu me sentia Rita Hayworth em um filme no qual ela canta em uma ilha para os militares e os presos... Mas sempre vinha um policial estraga-prazeres e me ameaçava: 'Se não parar de cantar, vou botar você na solitária!'. E o show tinha que terminar mesmo...".

"As bichas me tinham como ídola. Quando entrei, ficaram surpresas, pois eu já era muito conhecida no Uruguai. Elas não esperavam me ver ali!", continua, "Com o passar dos dias, ficamos muito amigas.".

Tudo ia tão bem que já havia até um show de Valéria programado para uma grande festa dentro do presídio.

Mas, sem nenhum aviso prévio, ela foi solta: "Eu não queria ir embora. Falei: 'Mas como? Não me avisaram antes... Me deixem pelo menos até amanhã, para eu me despedir...'. Eles foram inflexíveis: tive que pegar as minhas coisas e partir. Mas juro por Deus que eu não queria. Foi ótimo lá dentro. Todos foram queridíssimos comigo!".

Não menos querida, a imprensa uruguaia foi muito respeitosa com Valéria. Todos os jornalistas de Montevidéu sabiam que ela estava presa, mas ninguém publicou uma linha sequer a respeito.

"No Brasil, ninguém soube. Uma ou outra, como a Rogéria, por exemplo, me botava na parede: 'Ih, bicha! O que houve lá no Uruguai? Me disseram que você foi presa...'.", se diverte, "Mas eu não dava o braço a torcer e respondia: 'Que isso, bicha? Tá louca? Eu, hein? Essas bichas não podem ver a gente fazendo sucesso que já começam a inventar coisa!'.".

Embora o fato de ter sido presa tenha sido muito vergonhoso para Valéria na época, o tempo abrandou sua visão sobre aquele período e, anos depois, ela já contava para os amigos, às gargalhadas, todos os detalhes dos treze dias que passou confinada na Miguelete.

"No fundo, me valeu como uma importante experiência aquilo tudo.", avalia, "Para mostrar a mim mesma que eu era e sou uma pessoa capaz de me adaptar em qualquer ambiente. Isso para mim é maravilhoso!".

"O presídio vinha abaixo,
me ovacionava...
E eu me sentia Rita Hayworth
em um filme
no qual
ela canta em uma ilha
para
os militares e os presos..."

"La brasileña!"

Em meados de 1978, o conhecido empresário teatral argentino Gerardo Sofovich prometeu a Valéria que conseguiria a permissão necessária para ela estrear no Teatro Maipo, em Buenos Aires, e lhe pediu que ficasse na cidade aguardando por isso.
Meses se passaram e nada acontecia.
Por fim, Valéria foi para Rosário - onde podia se apresentar porque a fiscalização da Censura não era tão rígida - e ficou em cartaz no Cabaret.

Foi em Rosário, em plena Copa de 1978, que Valéria conheceu e namorou o goleiro argentino Andrada - "Aquele do milésimo gol do Pelé!", brinca, "Eu sempre tive uma queda por jogadores de futebol!".

"Também foi nessa temporada em Rosário que conheci pessoalmente uma das maiores artistas que conheci na minha vida: Lola Flores!", recorda, "Ela estava na cidade para se apresentar no Teatro La Comedia. Assisti seu show e fui cumprimentá-la no camarim depois. A convidei para me ver cantando na casa em que eu estava em cartaz. Lola foi com todos os integrantes de sua companhia e ficou encantada! Então me apresentou para seu empresário, Pepe Vaquero. Ele ficou muito interessado e me convidou para uma temporada na Espanha. Aceitei e voltei para o Brasil, crente de que viajaria para lá em breve.".

Mas as coisas não foram bem assim, pois um novo convite fez com que Valéria prolongasse sua estada no Rio de Janeiro e a temporada na Espanha foi adiada.

Uma década mais tarde, Valéria reencontraria Lola Flores em Buenos Aires. Após se apresentar no Teatro Coliseo, a cantora, cercada por seus fãs, a avistou à distância e apontou: "La brasileña!".
As duas não se desgrudaram mais pelo resto da temporada na capital argentina: todas as noites, Valéria estava com Lola no camarim: "Ela era uma artista muito intuitiva. Sua performance no palco era especial a cada noite. Nunca era igual. Lola avisava o marcador do espetáculo que não adiantava: seus movimentos jamais seriam os mesmos durante a repetição de um número.".

Frescuras
Valéria e Pery Ribeiro

No final de abril de 1979, Valéria voltou a se apresentar na Galeria Alaska pela primeira vez desde "Les Girls" - esse foi o convite que a impediu de ir à Espanha contratada por Pepe Vaquero.

No palco do Teatro Alaska, ela dividia a cena com Pery Ribeiro (filho de sua diva e grande amiga Dalva de Oliveira) e Tião Macalé no show "Frescuras", com direção de Augusto César Vanucci.
O roteiro era de Lafayette Galvão e a música ficava por conta de um grupo comandado por Aécio Flávio.

A exigente crítica Maria Helena Dutra registrou suas impressões sobre o espetáculo no "Jornal do Brasil", em matéria intitulada "Dez em comportamento, zero em originalidade".
Para ela, o maior pecado de "Frescuras" era exatamente sua impecabilidade: "um espetáculo morno e muito bem-comportado – exatamente o contrário do que se poderia esperar de um show intitulado 'Frescuras'", sintetizava.
Embora elogiasse a produção requintada e "a montagem bem profissional em acompanhamentos, som, luzes e no ritmo fluente", Maria Helena achava que a postura muito séria e elegante demais de Valéria e Pery prejudicava o resultado final do show, que mais parecia "um concerto do Projeto Pixinguinha" - ou seja: tudo muito "fino, cuidado, prudente e próprio para todas as idades", embora eles estivessem se apresentando na efervescente Galeria Alaska.

Valéria trocava de roupa sete vezes ao longo de uma hora e meia de show. Mas não foi por essa luxuosa ostentação que ela ganhou a crítica.
"Valéria canta a melhor versão de 'Folhetim', de Chico Buarque, que já escutei na minha vida.", afirmou Maria Helena, "Nada operístico, bombástico ou pseudamente contido. Algo entre o casual e o muito sentido e 'curtido', de extrema sensibilidade. É também seu melhor momento de palco, quando deixa de rebolar e apenas utiliza suas belíssimas mãos para pontuar os silêncios da canção.".

O fato é que a química entre Valéria e Pery no palco agradou o público.
Depois de "Frescuras", a dupla fez uma longa temporada na casa noturna Viva Maria, na capital paulista, além de apresentações em cidades como Gramado e Brasília.

"Viva Maria era a casa mais concorrida de São Paulo na época, frequentada pela nata da sociedade. Grandes artistas passaram por seu palco, em temporadas ou mesmo dando canja.", relembra, "Também realizei temporadas individuais lá. Em uma delas, fui vista por Charles Aznavour. Eu cantava sentada em cima do piano de cauda, fazia duas entradas por noite... A noitada terminava só de manhãzinha... Ellen Blanco, Roberto Luna e Evaldo Gouveia eram algumas das atrações fixas. E na plateia, estavam sempre Chiquinho Scarpa, José Possi Neto, Nicette Bruno, Rolando Boldrin, Ronnie Von, tanta gente... Era só alegria!".

"Foi um grande partner que tive.", diz Valéria sobre Pery, "Nunca brigamos. Ele tinha muito caráter. E tínhamos muito carinho um pelo outro.".

A dobradinha com Pery Ribeiro marcou o final de mais uma fase da carreira de Valéria.
A noite parisiense reclamava seu regresso – e, dessa vez, ela não tinha nenhum motivo para não atender o chamado.

Paris, anos 80:
Noites inesquecíveis, porres homéricos, celebridades internacionais e homens divinos

Quase dez anos tinham se passado, mas o Carrousel recebeu Valéria de braços abertos, inclusive aceitando a condição que ela impôs para renovar seu contrato com a casa: dessa vez, não seria uma atração exclusiva do Carrousel, podendo se apresentar em outros locais paralelamente.

"Nesse retorno à Europa, eu já estava com trinta e seis anos, tinha minha carreira consolidada no Brasil, era muito mais experiente, conhecia Paris... Para mim, essa volta à Europa nos anos 1980 foi o momento mais interessante, mais louco, mais intenso da minha vida, no qual vivi e desfrutei tudo o que eu queria.", afirma Valéria, "Eram quatro shows diferentes por noite no Carrousel, com os mesmos artistas. Portanto, cada uma fazia quatro entradas. Eu cantava uma música em cada passagem. Depois ficava livre para outros shows.".

Alcazar, Chez Plumeau, Chez Ruby, Rocambole e Copacabana eram algumas das casas em que ela se apresentava nesse período.

As noites de Valéria em Paris nunca terminavam no Carrousel ou em qualquer outra casa em que ela estivesse se apresentando.
Eram diárias as esticadas para boates e festas nas quais se encontravam personalidades tão díspares quanto Julio Iglesias e Mick Jagger – Valéria, inclusive, conheceu ambos no mesmo clube, o Régine's.
"Em certa noite, fui para o Régine's com Loris Azzaro, sua mulher Madame Michelle e Luana de Noailles.", conta, "Foi quando vi Julio Iglesias conversando com Régine. Em certo momento, percebi que ela estava falando de mim para ele. Comentei com Luana. Pouco depois, fui chamada à mesa dele. Conversamos rapidamente. Julio estava hospedado no Hotel Intercontinental. Por coincidência, eu também estava hospedada lá com meu namorado argentino. Quando cheguei no hotel, eu não parava de pensar: 'Só me falta cruzar com Julio Iglesias no corredor!'. Mas infelizmente não aconteceu...".

Nessa mesma época, o brasileiro Ricardo Amaral estendeu seus domínios a Paris com o clube Le 78, onde Valéria cantou na Noite do Preto e Vermelho, uma das festas temáticas promovidas no espaço: "Era o clube do momento! Tinha sido inaugurado recentemente, pouco antes do meu retorno. Quando cheguei, estava em sua fase mais efervescente. Tratava-se do mesmo local no qual tinha funcionado o antigo Lido. Tinha uma pista enorme, um palco com cascata de água, espaço vip... Um luxo! Danuza Leão era a relações-públicas da casa, que tinha entre suas atrações o Dzi Croquette Carlinhos Machado, Marina Montini e Monique Evans. Todo brasileiro que ia a Paris passava por lá pelo menos uma noite... Isso sem falar nas celebridades internacionais! Lá, você podia encontrar Carmen Mayrink Veiga, Carolina de Mônaco ou a princesa persa Soraya. Era o lugar da moda para ver e ser visto.".

"Em certa noite, eu estava no meu apartamento aguardando um filme de María Félix que seria exibido em um canal de televisão. Mas passaram outro filme! Decepcionada, nem fiquei em casa... Saí e fui para o 78. Procurei Carlinhos Machado no camarim e me disseram que ele estava na pista.", recorda, "Quando avisto Carlinhos, adivinhe quem estava dançando com ele... María Félix! Fiquei emocionadíssima! Fui para a mesa dela, que ficou surpresa com o meu conhecimento sobre sua trajetória. Passamos o resto da noite bebendo, conversando e até cantamos juntas uma canção de seu repertório da qual eu me lembrava: 'Dame un poquito de tú amor...'. Foi a mulher mais deslumbrante que conheci na minha vida! Nessa noite, ela estava vestida de uma maneira muito simples: calça de montaria com botas longas e um suéter de casimira de gola rolê. Em uma mão, trazia sua famosa cigarrilha preta; na outra, um diamante do tamanho de um paralelepípedo, quadrado, enorme! A única fotografia que tiramos nessa noite foi com uma Polaroid. Ainda não existia celular e ninguém andava com uma máquina fotográfica em um ambiente como o 78... Seria muito cafona! Se não tivesse um fotógrafo profissional presente, você não podia registrar o momento.".

Já no bar L'Ange Bleu, as travestis do Carrousel e de outras casas costumavam se reunir depois do show.
Essa casa também era conhecida como Chez Aldo por conta de seu proprietário, Aldo - um grande fã de Marlene Dietrich, de quem inclusive era muito próximo, pois moravam no mesmo prédio: "Ele me contava muitas coisas sobre ela, que vivia bastante isolada nesse período.".

"Nessa época, eu tinha um namorado que era marido de uma aeromoça. Sempre que ela estava viajando a trabalho, ele me buscava no Chez Aldo e íamos para a casa dele. Eu tinha tanto medo que houvesse algum problema no voo e ela chegasse de repente! Mas isso nunca aconteceu!", conta Valéria, "Ah, esses homens… São todos iguais!".

Havia também a Rocambole, uma casa fora de Paris, onde Valéria cantou algumas vezes.
"Nunca me esqueço de uma noite na qual Nina Simone era a principal atração. Ela estava passando por uma fase ruim, de muitas drogas, e cantava em pequenos bares.", recorda, "Nina chegou sem estar preparada para entrar no palco e nós, as travestis da casa, a arrumamos no camarim para que se apresentasse decentemente.".
A Rocambole funcionava em um grande casarão com vários ambientes, ocupados por salões de jogos eletrônicos, bares e
até uma sala de discoteca: "A cada semana, a casa tinha uma decoração diferente. Me lembro de uma em que forraram o teto de parreiras e espalharam cachos de uvas pela casa toda. As mesas eram servidas por travestis. E os clientes eram majoritariamente franceses - os turistas nem sabiam que a Rocambole existia.".
Também inesquecível foi uma noite em que a luz acabou na Rocambole e Valéria cantou com uma vela iluminando seu rosto: "Na sala de shows, cada mesa era iluminada à luz de vela. Peguei uma das velas e cantei à capela. Quando a luz voltou, fui ovacionada pelo meu profissionalismo.".

O fato é que as agitadas noites parisienses do início dos anos 1980 deixaram muita saudade na vida de Valéria.

"Eram noites fascinantes. Tomávamos porres homéricos!", relembra sobre o período, "Íamos dormir quando o dia já estava clareando, com aquele cheiro de croissant fresco saindo das padarias e invadindo as ruas, repletas de garis. Era lindo: Paris acordando e a gente indo dormir!".

"Sexo em Paris era como tomar uma ducha.", continua, "Eu saía com muitos homens. Sempre terminava a noite em um hotel cinco estrelas, tomando champanhe, a convite de um deles. Eram lindos e me ofereciam muitos presentes.".

O que Valéria não podia imaginar é que tudo aquilo tinha dias contados.

"Foi nesse período que ouvi falar da AIDS pela primeira vez. Amigos foram diagnosticados positivos.", lamenta, "Fiz o teste em Paris. Quando vi o resultado, saí pulando pela rua, de tão contente. Eu tinha certeza que ia acusar alguma coisa. E não deu nada!".

Mas aquela vida de luxúria e liberação sexual nunca mais seria a mesma: "A partir daí, o sexo não foi a mesma coisa para mim. Passei a tomar precauções, com um medo que eu não tinha antes. E o sexo passou de maravilhoso a bom... Me lembro de coisas incríveis que eu fazia e hoje em dia não posso me dar ao luxo de fazer e me entregar totalmente.".

Uma noitada que quase acabou mal

Mas nem tudo em Paris era glamour...

Numa noite, Valéria, Lola Chanel e Marie France saíram do Carrousel acompanhadas por um frequentador da casa e foram para a residência de Lola.
O grupo estava tão animado que até o motorista do táxi que os levou se entusiasmou com tanta alegria e decidiu entrar com eles.

Logo que chegaram, Lola colocou um vídeo com vários cantores na televisão para assistirem enquanto conversavam.
De repente, Julio Iglesias apareceu na tela: foi o gatilho para que o homem - que até então parecia muito gentil e educado - surtasse.

"Eu não gosto desse cara! Querem ver como eu acabo com ele?", perguntou, furioso.
E simplesmente sacou um revólver do bolso e atirou no aparelho de televisão!

"Ficamos apavoradas!", relata Valéria, "Tentei escapar engatinhando, mas quando cheguei na janela e ia pular, me dei conta de que estávamos no segundo andar!".

Enquanto isso, na sala, Marie jazia desmaiada e Lola tentava acalmar o homem, perguntando repetidamente: "Está contente agora?". O taxista, por sua vez, permanecia imóvel, completamente pálido.

Finalmente, Valéria, Marie e o taxista conseguiram fugir e pararam um carro de polícia na rua. Contaram o que estava acontecendo e - como não havia mais nada que pudessem fazer - foram embora.

"Só soubemos o desfecho da história no dia seguinte, já no camarim do Carrousel.", conta, "O louco disse à polícia que não se lembrava de nada e foi liberado... Mas foi obrigado a pagar o prejuízo que causara a Lola atirando na televisão.".

Valéria entre Doriana, Monalisa, Suzy Wong, Lola Chanel, Claudia e Marie France

Banzo
Um pouco do Brasil em Paris

Outra casa na qual Valéria era atração frequente em Paris era o restaurante O Brasil, em plena Saint-Germain-des-Prés, em cujas dependências funcionava uma cave com músicos brasileiros tocando ao vivo: "O Brasil pertencia a um casal, José Carlos e Didi – ela era sobrinha do compositor Benedito Lacerda. Eles espalharam cartazes do meu show por toda a cidade. Normando Santos tocava piano na parte de cima, dando um toque musical ao ambiente do restaurante. E eu cantava embaixo, acompanhada por um trio maravilhoso: Ledir Soares no piano, Jorge Costa no baixo e Nito na bateria.".
"Foi trabalhando nessa casa que eu tive notícia de duas grandes perdas para a música brasileira: Vinícius de Moraes e Elis Regina!", recorda.

Em certa noite, no palco do restaurante L'Ariaco, quando anunciava que cantaria a música "O que será?", da trilha sonora do filme "Dona Flor e seus dois maridos", ela quase não pôde acreditar quando viu entrando na casa o ator José Wilker, um dos protagonistas da película: "Fiquei abismada! Achei impressionante a sincronicidade e disse ao público que estava chegando o Vadinho do filme. Depois saímos para jantar e acabamos na minha casa, tomando vinho branco. Foi uma noite muito divertida!".

Em 1980, o Brasil marcava fortemente sua presença na noite da Cidade Luz – principalmente através de sua música popular, que fazia grande sucesso entre o público francês. Por conta disso, era grande a circulação de artistas brasileiros em seus palcos, em apresentações solo ou em grupo.

A cantora Maria Alcina fazia parte de um desses grupos, formado por cerca de vinte pessoas que desembarcaram em Paris para cumprir uma temporada na cidade.
O que ninguém previa é que o show seria cancelado, os empresários iriam embora e os artistas seriam abandonados no hotel, sem dinheiro sequer para voltar ao Brasil.
"Eu soube pela TV que eles estavam nessa situação. Então fui buscar Maria Alcina e a convidei para ficar comigo até que o consulado brasileiro conseguisse uma passagem de volta para ela.", relembra Valéria, "Alcina colocou todos seus pertences em uma bolsa e fomos para a minha casa de metrô. E não é que ela esqueceu a bolsa no vagão? Ficamos arrasados! Ao chegarmos no meu apartamento, um árabe nos esperava. Surpresa: ele encontrara a bolsa, dentro da qual havia um papel com o meu endereço anotado!".

Outra brasileira com quem Valéria se encontrava constantemente em Paris era Nana Caymmi.
Em uma dessas ocasiões, Nana chegou acompanhada por um cantor argentino, Horacio Molina: "Enquanto eu preparava bolinhos de bacalhau para os dois, ela cantava com ele na sala. Foi no dia em que morreu Richard Burton. Me lembro que vimos na televisão.".

"A vedete Wanda Moreno – minha amiga de toda a vida – também ficou hospedada no meu apartamento quando estava em cartaz em Paris, em um show do qual participavam Joãosinho Trinta e Dalida.", recorda.

Mesmo com tantos brasileiros por perto, o banzo era inevitável: "Na primeira temporada que passei em Paris, eu não sentia falta do Brasil. Mas quando voltei, nos anos 1980, sentia muita saudade – principalmente quando escutava as canções de Roberto Carlos. Não por ser meu amigo... Mas porque a música dele me trazia algo da minha terra.".

"Nessa época, eu estava morando em um apartamento maravilhoso perto da Place de la République, em um prédio de três andares, sem elevador.", relembra, "Havia uma sala grande com lareira e escadas que levavam para um mezanino no qual eu dormia. E também uma cozinha americana toda equipada, uma pequena sala de entrada e uma sala de banho digna de uma estrela, toda espelhada e com banheira. Fiquei por anos ali, onde vivi histórias inesquecíveis e fui muito feliz!".

"Esse apartamento estava sempre cheio de flores.", continua, "Eu tinha um namorado argentino que vivia em New York e me mandava muitas flores encomendadas diretamente de lá. Nos conhecemos na embaixada brasileira. Eu nunca soube o que ele fazia exatamente. Talvez fosse um industrial. Eu desconfiava que ele estava exilado por motivos políticos.".

A cantora Mercedes Sosa era uma frequentadora assídua desse apartamento: "Nos conhecemos em um show dos Les Étoiles. Ficamos amigas e saíamos muito juntas. Sempre terminávamos a noite na pizzaria Pino ou no restaurante de comida brasileira Chica, onde ela fazia questão que eu cantasse.".

"Na primeira temporada que passei em Paris, eu não sentia falta do Brasil. Mas quando voltei, nos anos 1980, sentia muita saudade – principalmente quando escutava as canções de Roberto Carlos. Não por ser meu amigo... Mas porque a música dele me trazia algo da minha terra."

La dolce vita

Imagine, em plena noite de Roma no início dos anos 1980, uma carruagem puxada por cinco cavalos brancos levando a grande estrela de cinema Anita Ekberg – símbolo da "dolce vita" romana – cercada pelo elenco de travestis do Carrousel de Paris em um desfile pelo centro da cidade.

A cena quase surreal fazia parte da campanha publicitária do lançamento de uma nova casa noturna de Giancarlo Bornigia, proprietário das icônicas Piper Club e Paradise – nessa última, a trupe do Carrousel se encontrava em cartaz naquele momento.

Valéria jamais se esqueceu daquela noite gloriosa: "Quando chegamos no local, grandes holofotes e spots de bombeiros que iluminavam a quadra inteira nos esperavam. Muitos paparazzos corriam atrás da carruagem durante o desfile e Anita chamava cada um deles pelo nome.".

Entre a multidão que aguardava o cortejo, estavam estrelas como Ursula Andress e Florinda Bolkan.

com Ursula Andress

Amor em Roma

Estar na Itália despertou em Valéria o desejo de falar com Vittorio: "Eu estava no país dele e achei que, por educação, tinha que procurá-lo. Mas é claro que, no fundo, eu tinha certa esperança de reatar com ele.".

"Foi uma atitude educada, mas deselegante, pois liguei a cobrar.", complementa, "Fiz isso para ver se ele aceitaria falar comigo, pois naquela época a gente se identificava primeiro para a telefonista e ela perguntava se o chamado aceitava a ligação.".

Sete anos antes, quando decidira ficar no Brasil por tempo indeterminado, Valéria nem sequer avisara Vittorio sobre sua decisão – simplesmente deixara de atendê-lo.

Mesmo assim, o conde italiano aceitou a ligação: "Ele foi muito gentil, mas disse que não queria correr o risco de passar pela mesma coisa outra vez. Não quis me ver. Foi a última vez que falei com ele.".

Mais tarde, Valéria saberia que Vittorio se casou com uma travesti chilena chamada Belle Claire, que herdou toda a sua fortuna.
Belle Claire viajava para o Brasil com certa frequência e se hospedava no hotel Copacabana Palace: "Quando ela passava, as minhas amigas do Rio diziam: 'Olha lá a bicha que ficou com a fortuna da Valéria!'. Mas eu nunca me importei. Afinal, para mim, sempre foi muito mais importante a minha carreira do que qualquer fortuna.".

Descartada a hipótese de uma reconciliação, Valéria – que sempre foi francamente da opinião de que a fila anda – seguiu em frente.

Naquela mesma temporada em Roma, conheceu um arquiteto italiano com quem desfrutou "momentos maravilhosos".
"Eu estava tomando café em um bar na Via Veneto e quando fui pagar a conta, o garçom me sinalizou que já estava pago. Então esse homem foi à minha mesa e me convidou para um passeio de carro.", relembra, "Eu pedi que ele me esperasse uma quadra adiante, pois achei que seria deselegante sairmos juntos. Naquele dia, tomamos um sorvete e ele me levou para conhecer a Roma Antiga.".
Valéria e o arquiteto continuaram se encontrando por algum tempo. Ele era casado e passava os finais de semana com sua família em alto-mar: "De seu iate, mesmo em um contexto familiar, ele não segurava a saudade e dava um jeito de me ligar.".
Porém, embora gostasse muito de sua companhia, Valéria se viu obrigada a romper com ele.
"Esse homem não imaginava que eu era uma travesti. Ele não entendia as dicas que eu dava. Ficava perguntando se eu era mãe e outras coisas como se eu fosse mulher mesmo.", explica, "Então tive que sair da vida dele, pois não tive coragem de revelar. Simplesmente sumi.".

Valéria desenvolve o assunto: "Eu sei quando um homem já percebeu que sou uma travesti pelo olhar. Trato cada homem de uma maneira diferente a partir do olhar. Gosto quando um homem se dá conta de que não sou 'como as outras'. Fico mais à vontade. Quando um homem não percebe, procuro esclarecer o mais rápido possível. Mas com esse de Roma, não foi rápido nem com muito tempo... Ele jamais ia imaginar. Depois me arrependi... Talvez, se eu falasse, ele poderia até ficar encantado e gostar.".

A fila andou novamente e logo Valéria já tinha um novo amante.
O que ela não esperava é que, em seus braços, seria acordada pela polícia, botando a porta abaixo e levando seu affair: tratava-se de um procurado mafioso italiano.

Não foi só aos homens italianos que Valéria agradou, mas também ao exigente público da Paradise, que a contratou para uma temporada solo sem que o Carrousel soubesse.
De férias do cabaré francês, Valéria retornou a Roma e foi uma das principais atrações da Paradise durante dois meses: "E, de quebra, fiquei de romance com o barman da casa.".

"Eu sei quando um homem já percebeu que sou uma travesti pelo olhar. Trato cada homem de uma maneira diferente a partir do olhar."

Pega ladrão!

Um dos grandes amigos de Valéria em Roma era o fotógrafo Angelo Frontoni, famoso por clicar as maiores divas do cinema italiano para a importante "Ciné Revue".

Em certa feita, saindo de seu estúdio na Via Sistina, Valéria portava na cintura várias correntes de Cartier – presente que ganhara de Vittorio anos antes.
Alguns passos depois de se despedir do amigo, já sozinha, quase não teve tempo para entender o que estava acontecendo: duas garotas montadas em uma moto passaram violentamente por ela e a da garupa arrancou suas correntes.

"Fiquei desesperada! Mas baixou o Valter, tirei os sapatos, joguei a bolsa no chão e corri atrás da moto! Foi na subida de uma ladeira, havia muito trânsito, e elas não conseguiam correr.", rememora, "Angelo ouviu meus gritos e me ajudou a segurá-las. Ele tinha me prevenido que isso podia acontecer. Na fuga, as garotas já tinham dispensado as correntes e disseram que eu estava mentindo. Enquanto meu amigo as segurava, refiz o trajeto e encontrei todas as correntes no chão de paralelepípedos. A polícia chegou e acabamos em uma delegacia.".

Dias depois, Valéria foi chamada à presença de um juiz para um acareamento com as duas ladras.

"Eu me senti muito Sophia Loren no tribunal... Só faltava o chapéu.", se diverte.

Mas Valéria não ficou com as correntes por muito tempo: elas foram roubadas em um restaurante em Paris.
"Eu estava com um grupo de amigos e chegou um homem com um lenço amarrado no rosto, tipo faroeste. Ele estava armado com um revólver e carregava um saco no qual recolhia o dinheiro do caixa e os pertences de valor dos frequentadores.", conta, "Adivinhem quem foi a primeira pessoa que teve que entregar suas joias para ele! Várias correntes de ouro, um crucifixo imenso, medalhas que ganhei na Suíça...
Ele levou tudo! Nunca mais recuperei nada...".

Foto: Bernard Soulier

Aquele café da manhã...

Durante rápida passagem pelo Brasil em 1982, depois de brincar o Carnaval na Bahia e prestes a regressar a Paris, Valéria foi ao primeiro aniversário da boate Régine's de São Paulo com Cauby Peixoto e Carlos Armando Fiorino. Em certo momento da noite, ela percebeu que um dos convidados especiais sentados à mesa da proprietária da casa era o ator Omar Sharif. Mais do que isso: ele estava posicionado exatamente à sua frente e não parava de paquerá-la!

De costas para Valéria, Régine percebeu que Omar olhava para alguém e se virou para ver quem era. Quando constatou quem era a eleita de seu olhar, discretamente procurou esclarecer alguns detalhes a respeito da mulher com quem ele estava flertando.

O que Régine não percebeu é que, após tais esclarecimentos, Omar passou a olhar ainda mais para Valéria.

Mais tarde, quando se dirigia para a saída da casa, Omar passou pela mesa de Valéria e disse, sem que ninguém percebesse: "Te espero no hotel Maksoud, 1833.".

Sem hesitar, Valéria foi ao hotel em que estava hospedada na Rua Augusta, trocou de roupa - estava de longo e vestiu algo mais discreto - e chegou no Maksoud quase ao amanhecer.

Por volta do meio-dia, Omar deixou o hotel e correu para Buenos Aires, onde um cavalo seu participaria de uma corrida.

Além de Carlos Armando, que acompanhou todo o flerte dos dois na boate, o jornalista Ovadia Saadia também foi testemunha ocular do episódio.

Para Valéria, aquele café da manhã com Omar no Maksoud foi inesquecível: "Egipciano, né?", se diverte.

"Bicha, mas não louca!"

Cerca de quatro anos depois, em Punta del Este, Valéria estava em cartaz no cassino San Rafael.

Ao fim de mais um show, se dirigiu à porta do cassino e o porteiro do lugar lhe perguntou se podia chamar um táxi para ela, que já ia aceitando quando ouviu uma voz familiar: "Mas antes vai tomar um champanhe comigo!". Ao se voltar para trás, surpresa: era Omar Sharif!

Entraram no Le Club, na frente do cassino.

Nessa ocasião, Omar estava com um amigo.

"Ele foi muito cavalheiro: muitas mulheres se aproximavam, iam falar com ele, mas Omar sutilmente fazia com que elas entendessem que estava acompanhado.", recorda, "Era uma pessoa encantadora. E falava perfeitamente em espanhol, até melhor do que eu... Então não tivemos nenhum problema de comunicação.".

Às três da manhã, Valéria tinha que se apresentar no restaurante Pizza Napoli, no porto. Omar fez questão de levá-la até lá e partiu.

Ao chegar, a artista deu de cara com o ator argentino Antonio Gasalla, seu amigo, e foi logo dizendo: "Adivinhe quem acabou de me deixar aqui!". Gasalla duvidou: "A bicha está louca!".

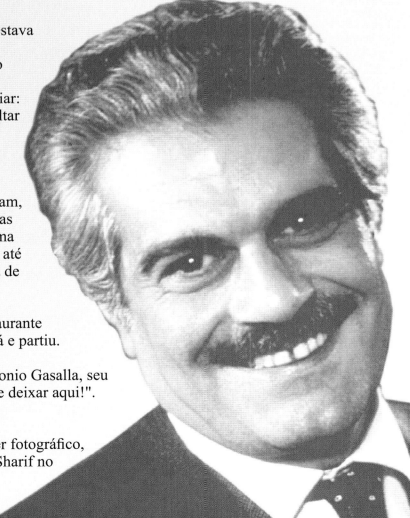

Nesse momento, os dois foram abordados por um repórter fotográfico, que se dirigiu a ela: "Acabei de te fotografar com Omar Sharif no Le Club!", revelou, deixando Gasalla boquiaberto.

"Bicha, mas não louca!", exclamou Valéria, vitoriosa.

L'es Étoiles

No final de 1983, Valéria se apresentou com a dupla Les Étoiles, formada pelos brasileiros Rolando Faria e Luiz Antônio, em uma péniche no Sena.

"Eu estava muito ligada a eles nesse período. Eram os artistas brasileiros de maior sucesso na França. Eles viviam a vida no limite, eram muito boêmios, estavam no auge da carreira. Eram grandes estrelas e conheciam todo o meio artístico local.", conta Valéria, "Fiz uma viagem para Avignon com eles. Estava acontecendo na cidade um grande festival de verão. As ruas lotadas, Avignon fervilhando de espetáculos de teatro. Fomos para uma discoteca fora da cidade. Bebemos todas, curtimos... Quando estávamos voltando para a cidade, o carro caiu em uma vala! Não conseguimos tirar o carro de lá e pegamos um táxi. No dia seguinte, ninguém se lembrava onde estava o carro!".

"Estávamos sempre juntos.", continua, "Eu cheguei a morar na casa de Luiz Antônio e ele na minha. Ele foi uma das pessoas mais fascinantes que conheci na minha vida. Onde quer que ele chegasse, conquistava todo mundo, homens e mulheres. Era sempre o centro das atenções em todos os lugares. Pela personalidade, pela originalidade, pelo humor... Era um ser maravilhoso! E sempre muito estrela – podia estar devendo o telefone, mas ninguém era mais estrela do que ele.".

"Numa gala de final de ano realizada pelos artistas franceses, que acontecia todos os anos, Luiz Antônio participou com um número no qual soltava fogo pela boca.", recorda, "À tarde, ele ensaiou o número numa boa. Na hora do espetáculo, o vento tinha mudado e o fogo pegou todo na cara dele e na roupa, que era inteira de tule. Os seguranças entraram em cena para apagar o fogo e já foram tirando ele do palco. Mesmo pegando fogo e saindo arrastado, Luiz Antônio deixou o palco acenando e mandando beijinhos para o público.".

"Luiz Antônio sofria de diabetes, mas bebia todas, comia muito... Então volta e meia, ia parar no hospital. Seu quarto no hospital era todo decorado com fotografias de artistas e dele mesmo, além de flores e – escondida em algum canto, é claro – sua garrafinha de conhaque... Que ele não hesitava em dividir com os outros pacientes.", relembra, "Com um dos braços enfaixado com gazes, ele enfaixava o outro também para ficar elegante. A alegria do hospital era ele. Quando recebia alta, as enfermeiras choravam, ficavam loucas de saudade dele. Muitas vezes, a gente chegava para visitá-lo no hospital e só tinha um bilhete no seu quarto: 'Fui ao Chez Guy e já volto.'.".

"Chez Guy era o restaurante de comida brasileira mais famoso e bem frequentado de Paris na época.", explica Valéria, "Todos nós – artistas e músicos brasileiros vivendo na Cidade Luz – frequentávamos o Chez Guy e animávamos suas noites. A clientela era principalmente francesa e nos sábados serviam a tradicional feijoada. Estive na inauguração no início dos anos 1970 e, anos depois, quando regressei à França, o Chez Guy fervia!".

Era fácil encontrar celebridades nacionais e internacionais no Chez Guy, cuja proprietária era a brasileira Cléa de Oliveira: de Nora Ney a Lauren Bacall, de Baden Powell a Stéphanie de Mônaco, de Caetano Veloso a Marcello Mastroianni.

Fagner, Georges Moustaki, Mercedes Sosa, Rolando e Valéria

"A gente se sentia no Brasil assim que entrava no restaurante, já pelo cheiro da comida!", relata, "A caipirinha – que não se encontrava em qualquer lugar por lá... A música... As pessoas... Havia toda uma atmosfera brasileira no Chez Guy!".

Um vidro de purpurina, um batom e uma grama de pó: eis as três coisas que Luiz Antônio mais amava.
Quando ele morreu, Valéria ficou sozinha com o caixão por um instante e colocou os três itens na mão dele: 'Acabei pegando um pouco do pó para mim e pensei: 'Só falta a bicha abrir o olho agora e reclamar do roubo do pó!'.".

"No funeral dele, não teve choro nem vela... Na hora em que o corpo estava sendo cremado, só se ouvia o som de champanhes estourando e aplausos. Foi um dos funerais mais lindos que já vi! Levei um buquê de bolas brancas, que deixei amarrado no caixão. A caminho do crematório, fui soltando elas pelo cemitério. Depois, recebi a incumbência de transportar suas cinzas ao Brasil e entregá-las ao seu irmão para que ele pudesse depositá-las junto à sepultura de sua mãe.", finaliza Valéria, emocionada.

Luiz Antônio

com Claudia Cardinale

com Sydne Rome

com Dalida

ccm Sacha Distel e Michou

com Georges Moustaki

com Zizi Jeanmaire

com Christopher Lambert

com Charles Aznavour

"Azzaro não! Arrasou, né?"

"Há cerca de quinze anos, ela (ele) saía do Brasil para tentar a sorte em Paris. Na bolsa (no bolso), um contrato com o Carrousel. Durante dois anos, se deu bem; e, ao voltar à pátria, fez sucesso como vedete e solista. E foi como estrela que Valéria voltou à França. Hoje é uma espécie de decana (decano) dos travestis brasileiros de Paris."
("Manchete", 1983)

Preconceitos à parte, a "Manchete" não estava exagerando: Valéria se tornara uma referência para centenas de travestis brasileiras que, inspiradas por seu sucesso, seguiram seus passos embarcando para Paris em busca de seus sonhos.

Enquanto isso, ela própria – prestes a completar quarenta anos de idade e realizada como artista nacional e internacionalmente – já se conhecia o suficiente e estava consciente do que queria – e também do que não queria – para si.

Foi por essa época que Valéria se reconheceu como uma cidadã do mundo: uma mulher nômade, sem qualquer vínculo que a prendesse a nada.

Ciente de seu potencial como artista – o que lhe permitia trabalhar em qualquer terra em que chegasse – e tendo uma grande rede de amigos espalhados pelo mundo, ela finalmente podia escolher onde queria estar e por quanto tempo.
Paris ou Salvador, Montevidéu ou São Paulo, Barcelona ou Rio de Janeiro: bastavam poucas ligações e prontamente Valéria tinha um contrato e um abrigo certos.

A partir de então, as longas temporadas não lhe interessavam mais.
Ter sua própria casa também não estava nos seus planos.

Do ponto de vista historiográfico, mapear com precisão seus passos e atuações artísticas a partir desse momento é tarefa quase impossível – até mesmo para a memória da própria Valéria.

Ainda assim, entre carnavais no Uruguai e recitais na Bahia, é possível pinçar momentos expressivos como sua participação em um evento em benefício das crianças do México e da Colômbia organizado pela UNICEF no Olympia de Paris no Natal de 1985, ao lado de grandes nomes.
"Tive o privilégio de cantar no mesmo palco em que cantava Edith Piaf.", relembra, "Aquilo me deu muita emoção!".

Na sequência, em janeiro de 1986, Valéria desembarcou novamente no Brasil.
Nessa ocasião, declarou ao jornal "O Globo": "Já passei da fase de roupas bonitas, brilhos, paetês, plumas e gritinhos. Superei o lado folclórico. Quero mostrar ao público brasileiro a intérprete Valéria. Eu vou fazer um show sem frescuras. Já passou o tempo, para mim, de contar historinhas picantes. Faço isso em Paris porque trabalho sob contrato numa casa que tem público internacional e que gosta de um folclore. Mas eu estou voltando para um Brasil mais liberal, mais democrático, e vou aproveitar essa chance para me apresentar inteira. Por exemplo: na década de 1970, não pude aparecer na televisão; hoje já posso. Acho que eu quero a chance de voltar a viver no meu país.".

A declaração de Valéria vinha em um momento histórico de sua carreira: sua primeira aparição na televisão.

Foi no programa de Hebe Camargo.
Valéria entrou e a apresentadora não aguentou:

"Meu Deus! Mas está toda Paris!"
Hebe

Quando ela contou que estava vestindo um Azzaro, Hebe disparou: "Azzaro não! Arrasou, né?".

Nesse programa, Valéria cantou "Um jeito estúpido de te amar" e foi muito aplaudida.
Era o anúncio de um novo Brasil!

FRESCURA TAMBÉM É CULTURA

LENNIE DALE ENTRE A LOURA E A MORENA

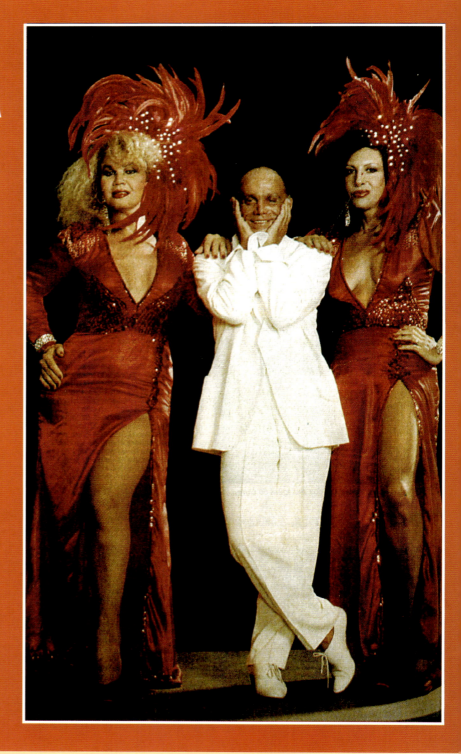

Ao completarem quarenta anos, Sia e Mesa, duas irmãs xifópagas completamente diferentes – uma é Collor e a outra é Lula, uma é Emilinha e a outra é Marlene – decidem se separar para viverem seus sonhos individuais.
O que elas não imaginavam é que ambas compartilhavam o mesmo sonho: vencer em Hollywood.
Então elas se unem e partem juntas em busca do sucesso: nessa empreitada, vivem felizes, cantam Elymar Santos e imitam Jane Russell e Marilyn Monroe.
Mas tudo acaba mal quando seus caminhos se cruzam com os de dois rapazes que terminam por assassiná-las.

"O que é baixo ou alto-astral hoje em dia? A vida está uma droga, a violência está nas ruas.", respondeu o coreógrafo Lennie Dale quando indagado se aquele final não era "heavy" demais.

Lennie era o diretor do espetáculo "Frescura também é cultura", cujo roteiro – resumido acima – tinha como autor o também Dzi Croquette Wagner Ribeiro.
Além de assinar a direção e a coreografia, ele interpretava um dos assassinos.

Quanto às irmãs Sia e Mesa, eram – não necessariamente nessa ordem – Valéria e Jane Di Castro, reunidas pela primeira vez no palco.

"Frescura também é cultura" estreou no Teatro Brigitte Blair, em Copacabana, em fevereiro de 1990.

"Na porção 'Frescura', o destaque absoluto é o diretor Lennie Dale.", publicou "O Globo" na época, "Ele grita o tempo todo com os atores e o pessoal da técnica, ameaça abandonar a montagem a cada mísero intervalo e só se anima de verdade quando ensaia uma coreografia com o ator/cantor Carlos Raick. Tudo muito engraçado. Pena que não faz parte do show.".

Embora tenha agradado o público carioca, o show não teve vida longa.
Pouco tempo depois, em meados de maio, saiu de cartaz por questões econômicas do Brasil – em outras palavras, a recente instituição do famigerado Plano Collor no país.

Mas, pelo menos, o ponto alto do show – o número em que Valéria e Jane encarnavam Russell e Monroe – foi eternizado em uma gravação do programa de Hebe Camargo.

"Não sei por que me perguntam se operei... Se eu nunca estive enferma!"

A performance cênica e o repertório de Valéria sempre agradaram especialmente ao público uruguaio. Nos cassinos de Punta del Este, onde nomes importantes do cenário internacional se apresentavam para uma plateia também internacional, endinheirada e exigente, ela fez história em inúmeras temporadas.

Foi após mais uma delas que, retornando a Montevidéu depois de três anos de ausência, Valéria estreou na casa La Vieja Cumparsita o show "Bolereando con la Divina Valeria", no qual rendia homenagem às grandes divas do bolero.

O espetáculo contou com ampla cobertura da imprensa local, que resultou em manchetes sensacionalistas publicadas nos principais jornais e revistas da capital com títulos como "Divina Valéria assegura que revelará em um livro os nomes dos ministros com os quais dormiu" e "Não sei por que me perguntam se operei... Se eu nunca estive enferma!".
Nessa última, publicada na revista "Guambia", Valéria se definiu como "uma cigana de luxo" - nômade, mas sempre circulando pelas altas rodas dos países por onde passou.

Por essa época – início dos anos 1990 – Valéria também realizou uma temporada de sucesso em Buenos Aires, na casa noturna Jeleny, onde conheceu o ator Antonio Banderas.
"Ele estava com Eusebio Poncela, o ator com quem contracenou em 'A lei do desejo', e Cecilia Roth, do filme 'Tudo sobre minha mãe', ambos de Almodóvar. Falamos do 'beijo gay' deles no filme. Antonio disse que quando ainda estava aprendendo a ser um artista, ouviu de um diretor que na arte, os preconceitos têm que ficar no cabide de entrada.", relembra, "Durante o espetáculo, me fez repetir três vezes o mesmo número: o bolero 'Soy lo prohibido', o preferido dele. Depois ficamos – eu, eles e os outros artistas da casa – bebendo e batendo papo até de manhãzinha.".

SANGUE LATINO

com Graciela Guffanti

com Susana Giménez

com Antonio Gasalla

com Luis Lacalle Pou

com Graciela Alfano

com Norma Leandro

com Fetiche

com Sergio Puglia

com Soledad Silveyra

com Pacheco Areco, Pelé e Graciela Rompani

com Maria Helena Walsh e Fernando Noy

com Cristina Morán

com Cacho de la Cruz

com Gonzalo Perrone

com Adriana Brodski

com Enrique Espert

com Gustavo de los Santos e Martha Gularte

com Pelusa Vera

COPA DE 1998: FELIZ DE QUALQUER JEITO!

Na Copa de 1998, depois da vergonhosa surra que o Brasil levou da França, Valéria – que estava em Paris, em um barco no Sena, no qual seria realizada uma grande festa para comemorar a vitória verde-amarela – foi a primeira pessoa brasileira a aparecer ao vivo na televisão francesa comentando o jogo.
"A imprensa francesa estava presente e eu declarei que sendo brasileira, mas morando na França há tantos anos, eu também era francesa… Portanto, me sentia feliz do mesmo jeito.", relembra.
A declaração de Valéria foi veiculada várias vezes, em quase todas as reportagens sobre a Copa do Mundo.

Família

"Minha mãe partiu em uma época em que eu vivia na Europa. Mas, casualmente, estava no Brasil. Ela faleceu quase que de repente: sofreu um derrame cerebral, ficou internada durante alguns dias e morreu.", conta Valéria.

Anos mais tarde, foi a vez de seu irmão Luiz, aos sessenta e dois anos: "Meu irmão sempre viveu muito afastado da família. Ele não teve sorte na vida. Enveredou para a marginalidade. Se meteu com jogo do bicho e drogas, foi preso várias vezes, não conseguia arrumar trabalho... Era uma boa pessoa, mas essa era a única forma que ele arranjou para sobreviver. Aí teve um câncer e faleceu. Infelizmente, não tivemos muito contato. Ele saiu cedo de casa... Trilhamos caminhos muito distintos... A vida nos afastou.".

Valéria não sabe precisar quando faleceu seu padrasto: "Minha mãe me avisou por telefone, mas eu nem busquei saber como ele morreu. Eu tinha muita mágoa dele, sofri muito em suas mãos! Eu e meus irmãos mais velhos nunca fomos bem tratados por ele. Quando voltei de Paris pela primeira vez, ele me aceitou bem. Foi até me ver em um show. Claro... Naquela ocasião, não só paguei a reforma da casa deles, como renovei toda a mobília!".

Quanto ao pai que nunca conheceu, afirma: "Não cheguei a sentir a falta de um pai nem de uma figura masculina. Talvez porque já nasci sem ter um pai. Para mim, isso era uma coisa normal.".

Apesar disso, Valéria fez questão de conhecer a cidade de seu pai na Galícia assim que surgiu uma oportunidade. E a experiência da busca de suas origens em Pontevedra se revelou inesquecível - mas por um motivo bem específico.
"Eu e uma prima passamos uma tarde lá. Tomamos café na pracinha, comemos polvo à galega...", relembra, "Mas o que não esqueço mesmo é de um motorista de ônibus que vi na terra de meu pai... O homem mais bonito e sexy que já vi na vida. A coisa mais divina do mundo!".

San Xosé de Ribarteme

Uma pessoa de muita fé

Para acalmar o banzo que toma os brasileiros que vivem em Paris, nada melhor do que participar da lavagem da Igreja de la Madeleine, idealizada pelo baiano Robertinho Chaves e realizada desde 2001. Tal evento, inspirado na lavagem da escadaria da Igreja do Senhor do Bonfim, em Salvador, reúne milhares de brasileiros e franceses todos os anos em missas e desfiles repletos de música e folclore.
Inicialmente, a lavagem acontecia na Basílica de Sacre-Coeur: "Era uma coisa bem descontraída, sem produção. Saímos desfilando por aquelas ladeiras e ruas estreitas de Montmartre. Com o passar dos anos, o evento foi crescendo e passou a acontecer na Madeleine.", explica Valéria.

Um dia antes do desfile, uma missa é celebrada em francês - mas a música é brasileira e vários artistas cantam músicas sacras.
Sempre que está em Paris, Valéria é convidada para cantar nessa missa.

"É realmente emocionante para mim!", afirma, "Em primeiro lugar, porque sou católica e uma pessoa de muita fé. Portanto, cantar em uma igreja tão emblemática, em um evento desse porte, mexe muito comigo. Para mim, a missa é o momento mais importante da lavagem. Já cantei de diversas formas nessas missas - com músicos, à capela... E sempre foi especial!".

Ema Toma Blues

"Quando voltei a morar no Brasil em 2005, encontrei um campo de trabalho muito alterado. As casas de música ao vivo foram fechando aos poucos. Então passei a viajar buscando lugares onde eu tenha mais espaço, mais trabalho... Sempre volto para onde já tenho a cama feita: locais nos quais sou conhecida, conheço bem a cidade, tenho amigos... Não quero mais chegar em terras estranhas e ter que desbravar.", reflete Valéria, "O importante é estar no palco. Se eu não tiver um palco para me apresentar, não sou uma pessoa feliz. Necessito disso para viver, para estar bem comigo mesma. Seja à beira do Sena ou do São Francisco, é igual: o que quero é estar no palco. Levar a vida cantando é o destino que Deus me deu.".

A decisão de deixar definitivamente Paris depois de tantos anos tinha um bom motivo de Salvador, a dramaturga e agitadora cultural Aninha Franco lhe enviara um roteiro de sua autoria que encantara Valéria. "Ema Toma Blues" estava engavetado há alguns anos e Aninha buscava a intérprete ideal para sua protagonista.

"Li o texto e fiquei encantada!", conta Valéria, "Eu não precisaria interpretar: a personagem era eu!".
Mesmo assim, alguns meses foram necessários para que ela decorasse seu papel.

A estreia de "Ema Toma Blues" se deu no Pelourinho, no Teatro XVIII, dirigido por Aninha. A direção da peça coube a Paulo Dourado.

Muito elogiado pela crítica, o espetáculo ficou em cartaz por um bom tempo e foi apresentado em várias salas em Salvador e também no Teatro de Arena, no Rio de Janeiro.

Para Aninha, "a saga da heroína" é "a saga do artista brasileiro, que luta contra tudo para mostrar seu talento": "Essa história é de uma mulher extremamente perseverante, que é o que todos nós artistas devemos ser.".

"Ema é uma lutadora, que sofreu, brigou e sempre se entregou totalmente. É muito parecida comigo.", afirmava Valéria no programa do espetáculo, cujo enredo girava em torno da busca da protagonista por sua realização artística contra a vontade do pai, para quem toda artista é puta.

"O importante é estar no palco. Se eu não tiver um palco para me apresentar, não sou uma pessoa feliz. Necessito disso para viver, para estar bem comigo mesma. Seja à beira do Sena ou do São Francisco, é igual: o que quero é estar no palco. Levar a vida cantando é o destino que Deus me deu."

Com as eternas Rainhas do Rácio Emilinha e Marlene: juntar as duas na mesma fotografia era uma missão quase impossível, mas Valéria conseguiu esse feito!

"Ema é uma lutadora, que sofreu, brigou e sempre se entregou totalmente. É muito parecida comigo."

Fotos: Sora Maia

CIDADE BAIXA

Na onda do sucesso de "Ema Toma Blues", Valéria participou do filme "Cidade Baixa", de Sérgio Machado, com Lázaro Ramos, Wagner Moura e Alice Braga.

Desde 1973, quando participara do filme "Divórcio à brasileira", de Ismar Porto, não atuava no cinema.
Detalhe: essa foi a primeira vez que ela interpretou uma personagem na telona, pois no filme de Ismar representava a si mesma, a travesti Valéria, recém-chegada da Europa.

Para desempenhar com êxito seu papel em "Cidade Baixa", Valéria passou por alguns dias de preparação de elenco com a renomada Fátima Toledo.

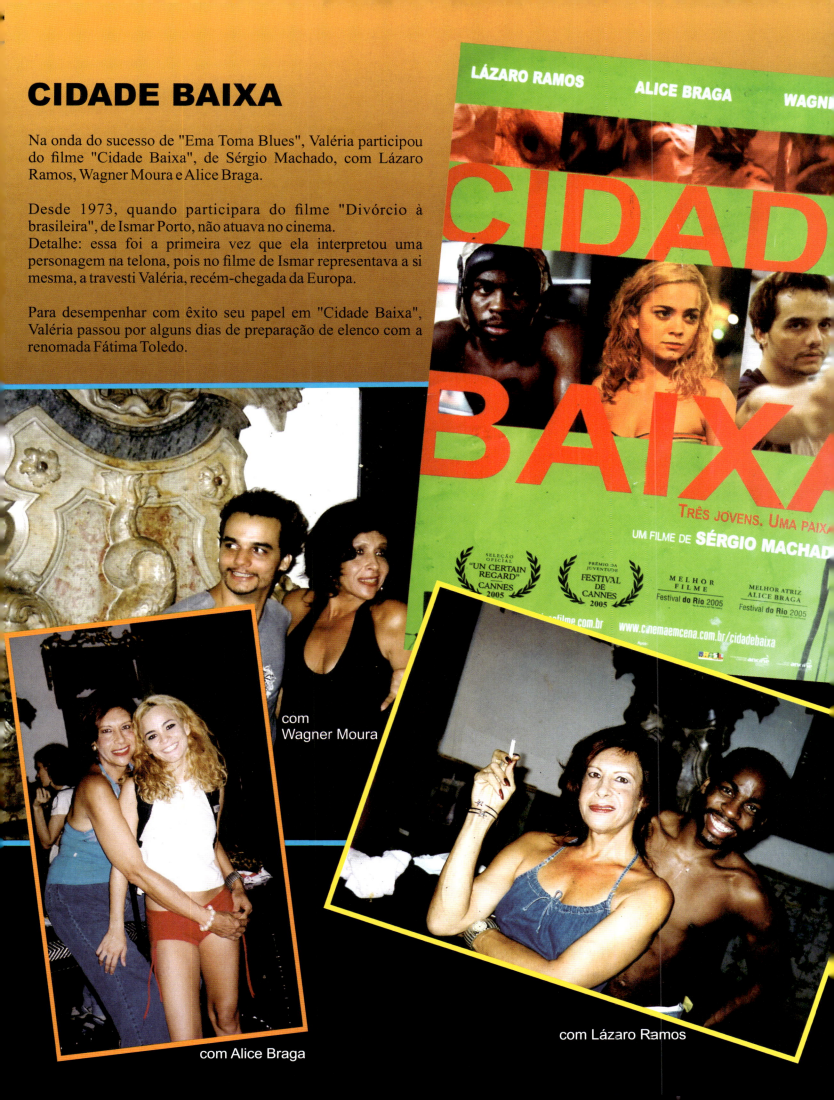

com Wagner Moura

com Alice Braga

com Lázaro Ramos

O adeus da diva

Em meados de 2005, Emilinha Borba foi hospitalizada depois de uma queda.

Mesmo morando no exterior durante tantos anos, Valéria nunca se afastara da diva de sua infância. Passavam horas conversando por telefone em longas chamadas internacionais.

Na UTI do hospital, Valéria encontrou Emilinha de olhos fechados e anunciou sua presença.
A cantora apertou sua mão com uma das mãos e levou a outra à boca: "Pensei que ela queria água. Mas a cuidadora dela me explicou que não: ela queria seu batom! Então passei o batom em seus lábios. Emilinha era muito vaidosa. Acho que quando eu disse o meu nome, acionei o subconsciente dela, mesmo desacordada... Foi a nossa despedida.".

No dia 03 de outubro de 2005, Emilinha Borba faleceu.

Valéria estava no sítio da cabeleireira Ruddy Pinho quando soube da morte de sua estrela maior através do rádio: "As estações tocavam as músicas dela e eu fui para a janela... Não conseguia parar de chorar.".

Emilinha foi velada na Câmara Municipal do Rio de Janeiro e Valéria passou a madrugada ali: "Assim que entrei, vi o corpo de longe e quase desmaiei... Tive que me segurar para não cair. Emilinha estava linda, com os cabelos como os de uma Medusa, maquiada...".

O corpo de Emilinha foi levado para o Cemitério do Caju por um carro do Corpo de Bombeiros, com Valéria dentro e os representantes da Marinha em cima.

"Na Praça Mauá, o carro parou durante alguns minutos na frente da Rádio Nacional. Todos os funcionários estavam lá fora.", recorda, "Ela era a eterna Rainha da Rádio Nacional e aquele momento foi muito bonito.".

Personagem do Carnaval... No Uruguai!

Não foi apenas em Salvador que Valéria se tornou uma personagem do Carnaval, mas também no Uruguai.

Ao longo de mais de quarenta dias de festa, o Carnaval uruguaio tem características muito peculiares e mescla elementos europeus e africanos em disputados concursos, gloriosos desfiles coloridos e espetáculos apresentados em teatros populares conhecidos como tablados, construídos em diversos pontos de Montevidéu, inclusive em bairros periféricos.

Nos tablados, figuras típicas do Carnaval local chamadas de murgas, lubolos ou parodistas tocam e cantam o candombe.

"Tomei parte em comparsas [grupos carnavalescos uruguaios] cantando candombes criados especialmente para mim. E isso é incrível porque se trata de uma manifestação tradicional deles, uma coisa muito raiz. E eu, mesmo sendo brasileira e travesti, fui incluída como uma lubolo!", comemora Valéria, "E eu não estava de Divina Valéria, nada disso... Entrei totalmente no sistema deles.".

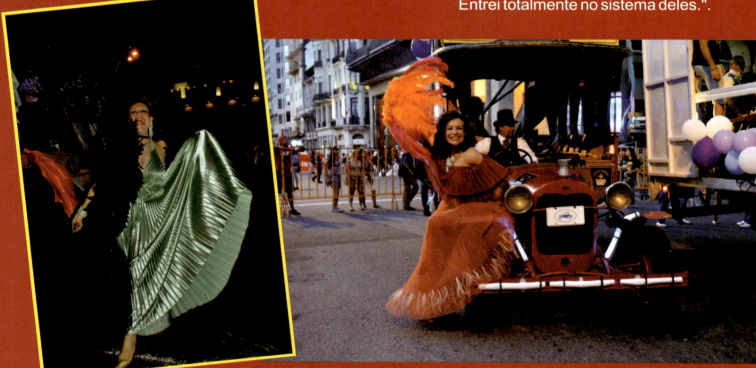

Também no Teatro de Verano, ao ar livre, Valéria se apresentou em espetáculos carnavalescos.
Além disso, participou de diversas revistas - inclusive como atração principal - e quase sempre desfilou com o grupo do famoso bailarino Kanela.

com o
carnavalesco e bailarino Julio Sosa "Kanela"

"Fiz uma revista na qual descia uma escadaria imponentemente, sem olhar para os degraus. E com movimento de corpo, claro, pois uma vedete não pode descer uma escadaria dura, travada; tem que descer como se estivesse andando em cena, sem escada... Eu fazia isso tão bem que diziam que eu tinha que abrir uma academia para ensinar a arte de descer uma escadaria!", se diverte, "Mas é claro... Desde menina, eu já descia a escadaria da Biblioteca Nacional toda noite com as minhas amigas... Nunca perdi a técnica! E hoje desço uma escadaria como ninguém!".

AS DAMAS DO TEATRO

com Maria Della Costa

com Regina Duarte

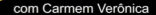
com Carmem Verônica

com Odete Lara

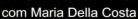
com Eva Wilma

com Berta Loran

com Arlete Salles
Marília Pêra
Fernanda Montenegro

AS DAMAS DA CANÇÃO

com Gal Costa

com Alcione

com Claudette Soares

com Elizeth Cardoso

com Maria Alcina

com Ângela Maria

com Carmélia Alves e Marlene

com Inezita Barroso

com Helena de Lima

com Edith Veiga

"Divinas Divas"

Em 2004, setenta anos após sua fundação, o Teatro Rival, na Cinelândia carioca, realizou uma série de comemorações pelo seu aniversário.
À frente dos festejos, a atriz Ângela Leal – então proprietária do Rival e filha de seu criador, Américo Leal – decidiu organizar um espetáculo relembrando a tradição dos memoráveis shows de travestis realizados na casa nas décadas de 1960 e 1970.
Revistas como "Bonecas em ritmo de aventura" e "O mundo é das bonecas" fizeram história e marcaram época em um período de grande repressão.
Jane Di Castro foi convocada para recrutar suas colegas e a atriz Berta Loran para dirigi-las.
Valéria, Rogéria, Eloína, Camille K e Fujika De Halliday foram as indicadas por Jane para representar a classe.

O que devia ser um espetáculo de apenas uma noite foi um grande sucesso de público, lotou o Rival e foi reapresentado várias vezes, inclusive em outras cidades, ficando mais de uma década em cartaz.
Números de canto e dublagem e esquetes de humor compunham o roteiro.

"Divinas Divas" chamou a atenção da atriz Leandra Leal, filha de Ângela, então dando seus primeiros passos como cineasta.
O universo das travestis do Rival estava intrinsecamente ligado à memória afetiva e às recordações mais antigas de Leandra.
Então ela percebeu que não precisaria procurar muito: o tema de seu primeiro longa-metragem estava ali, praticamente no quintal de sua casa.

> "Tive recusas por causa dos temas, falar de travestis e de envelhecimento, dois tabus que existem no Brasil.", contou Leandra Leal.

Inicialmente, a captação de patrocínio para realizar o filme parecia impossível, pois Leandra "só ouvia 'não'. Nenhuma empresa queria ligar seu nome a um filme sobre travestis", conforme revelaria ao jornal "O Estado de São Paulo" mais tarde.
"Tive recusas por causa dos temas, falar de travestis e de envelhecimento, dois tabus que existem no Brasil.", contou Leandra à imprensa.
Mas a cineasta não desistiu: tantas recusas resultaram na criação de um crowdfunding e só então ela pôde começar a filmar.

Brigitte de Búzios e Marquesa foram convidadas para completar o grupo e Leandra passou a filmar as apresentações e os bastidores do show e a gravar longas entrevistas com suas integrantes.

"Estávamos todas na toca.", disse Camille K para uma repórter de "O Globo".
"Fui desenterrada.", completou Brigitte.
A reportagem anunciando o documentário de Leandra foi publicada na revista do jornal carioca em setembro de 2010 sob o datado título "Plumas e paetês".

Interessante notar que o texto da reportagem trazia alguns "deslizes" bem típicos das matérias sobre travestis até aquele momento, mas que em breve se tornariam inaceitáveis.
"Jane convocou as antigas amigas (vamos usar aqui o gênero feminino, como as próprias fazem entre si).", dizia um trecho da matéria.
Poucos anos depois, em 2016, quando o filme de Leandra foi lançado, nenhum jornalista brasileiro cogitaria questionar o gênero pelo qual uma travesti deve ser chamada.
As questões de gênero se tornaram uma das principais pautas da segunda década do

Algumas das integrantes do grupo com a diretora Leandra Leal

século XXI e muitas transformações ocorreram no que diz respeito ao tratamento público dado aos transgêneros, artistas ou não.

Para Leandra, foi uma faca de dois gumes: por um lado, o lançamento do filme justamente quando seu tema era um dos principais pontos do discurso contemporâneo atraía todos os holofotes para si; por outro, a vigilância política por parte dos militantes da causa era bem mais rígida nos debates que o grupo teve que enfrentar ao longo da divulgação.

Entre as próprias divas, ocorreram desentendimentos em relação às nomenclaturas aplicadas a cada uma.
Enquanto Valéria e Eloína se consideravam travestis, Jane se reconheceu como uma mulher transexual. Rogéria, por sua vez, preferiu se definir como "um homem gay".

Independente disso, "Divinas Divas" também venceu no cinema: premiado em festivais nacionais e internacionais, ficou um bom tempo em cartaz e correu o mundo.

"Fiz um filme sobre oito artistas que admiro, não fiz um documentário sobre travestis, sobre trans.", declarou a cineasta ao jornal "Folha de São Paulo", "Claro que, por elas serem pioneiras, acabam contando muito da história do travestismo no Brasil; mas não é essa a intenção.".

"Foi maravilhoso ter visto minha carreira e minha história retratadas no cinema. Não é uma personagem. É a minha vida... Sou eu! Foi a glória total ser focalizada nesse filme pelo olhar sensível de Leandra, essa artista de mil facetas."

Valéria com Rogéria

Uma parte da vida que se vai...

Pouco tempo depois do lançamento de "Divinas Divas", Rogéria adoeceu.
Entre idas e vindas, ela foi internada em um hospital particular no Rio de Janeiro em agosto de 2017.

Valéria foi a última amiga a ver Rogéria com vida.
"Eu ia dormir com ela naquela noite. Vimos televisão, cantamos 'Lobo mau' e outras canções da nossa juventude e de repente ela começou a passar mal.", recorda, "Chamei os médicos. Eles a examinaram e a levaram para a UTI. Segurei a mão dela até a porta. No final do corredor, ela entrou e eu fiquei. Peguei todos os pertences pessoais dela no quarto, para entregar para sua família, e fui embora, sem imaginar que nunca mais a veria.".

Rogéria faleceu no dia 04 de setembro de 2017.

"Uma parte da minha vida se foi com ela. Tivemos trajetórias paralelas, muito parecidas, desde garotas. Tínhamos o mesmo currículo praticamente.", lamenta Valéria, "Foi muito doída a partida dela.".

Meses mais tarde, em maio de 2018, foi a vez de Claudia Celeste, por quem Valéria nutria um carinho especial.
Na missa de sétimo dia de Claudia, Brigitte de Búzios a presenteou com um broche, um acessório pessoal do qual gostava muito.
Valéria não imaginava que esse gesto anunciava uma nova e dolorida perda.
No início de junho, Brigitte foi encontrada morta em seu apartamento.

As mortes de Rogéria, Claudia e Brigitte se somavam às partidas recentes de Marquesa – que falecera um pouco antes do lançamento de "Divina Divas" - e Phedra de Córdoba – essa em 2016, logo após uma grande homenagem realizada no Teatro Oficina, que contara inclusive com a participação de Valéria.

"Quando conheci Phedra, ela ainda era homem, um exímio bailarino... Felipe de Córdoba." recorda, "Foi durante a temporada de 'Les Girls' na boate La vie en rose, na Boca do Lixo de São Paulo. Na Major Sertório – onde ficava a La vie en rose – tinha mais de trinta boates nessa época, meados dos anos 1960, todas com cantores, grandes atrações... Felipe era uma atração da La vie en rose no mesmo período de 'Les Girls'. Acho que representamos um incentivo para sua transformação na época.".

com Phedra de Córdoba

com Brigitte de Búzios

com Claudia Celeste

"Foram perdas muito dolorosas para mim. Mas a vida continua e a gente tem que seguir em frente – ainda que um pouco decepcionada pelo mundo que se transformou... E não para melhor."

Uma viagem inesperada

Muito abalada pela sequência de mortes de suas companheiras de palco, Valéria se deu conta de que era "a última 'Les Girls'", a única sobrevivente do elenco original.
Independente do tempo que levasse para acontecer, era inevitável: ela sabia que seria a próxima.
Soma-se a isso um diagnóstico médico não confirmado – mas assustador – e Valéria entrou em pânico.
Por fim, tomou a decisão que lhe pareceu mais sensata: embarcou para Paris, onde acreditava que teria um melhor tratamento caso necessitasse.

Depois de vários exames, foi constatado que tudo não passara de um alarme falso: Valéria esbanjava saúde!

Ela já retomara sua rotina habitual na Cidade Luz quando recebeu uma ligação de Leandra Leal.
"Divinas Divas" seria lançado no Japão e Leandra não poderia estar presente.
Por várias razões – entre as quais, estar mais perto geograficamente naquele momento e já ter se apresentado no país – a cineasta lhe pediu que representasse o filme.
Valéria nunca cogitara voltar ao Japão, mas adorou o convite.

O filme teve uma exibição especial para convidados japoneses e brasileiros na Embaixada do Brasil.

Até a "Coccinelle japonesa" Maki Carrousel – que Valéria conhecera rapidamente em 1971 – estava presente.
Um encontro entre as duas também foi organizado pela imprensa: "Ela é operada há muitos anos. É uma celebridade lá até hoje. Os repórteres fizeram as mesmas perguntas para nós duas e quase todas as respostas foram iguais: crescemos na mesma época e, embora em países distantes, passamos por situações muito semelhantes com família, polícia e aceitação social.".

Após a exibição na Embaixada, houve um coquetel em homenagem a Valéria: "Foi uma noite gloriosa! As pessoas me pedindo autógrafo, querendo tirar fotos comigo... Depois fomos jantar e eu cantei 'La vie en rose' com Maki Carrousel.".

Nessa viagem, Valéria também cantou em um teatro – dentro de um espetáculo – e em um piano-bar.

Ao fim dos trabalhos de divulgação, a distribuidora proporcionou a ela mais alguns dias de passeios turísticos: "Fui a restaurantes, conheci vários templos... Fiquei encantada com o progresso: como eles estão poderosos!".

"Sempre me perguntam se o custo de vida em Tóquio é muito alto.", comenta, "Não sei. Não comprei nem uma caixa de fósforos lá. Não botei a mão na bolsa para nada. Nem sequer levantei o dedo para chamar um táxi.".

Além de toda a gentileza que lhe dispensaram, Valéria se surpreendeu com a discrição do povo japonês: "Perguntei a uma das meninas que me acompanhavam se as pessoas nas ruas se davam conta de que sou uma travesti. Ela respondeu que todos imaginavam que eu devia ser uma celebridade, uma artista, pelo meu porte, pela forma como me visto... Mas não uma travesti.".

"Foi uma viagem de sonho.", conclui.

com Maki Carrousel

Portugal, 2018

Ao voltar do Japão, Valéria fez algumas apresentações em Paris e depois seguiu para Berlim, onde passou quase um mês e cantou em uma festa privada e em um bar. Mais tarde, foi para Portugal, contratada para um show na Embaixada do Brasil. Porém, o espetáculo foi cancelado em cima da hora e, para não perder a viagem, Valéria procurou a transformista Deborah Krystall.

Deborah – uma das principais atrações do Finalmente Club, no Bairro Alto, em Lisboa – falou com o dono da casa e Valéria foi contratada para uma temporada.

Um dos momentos mais incríveis dessa estada de Valéria em Portugal foi o reencontro com a vedete brasileira Eloína Ferraz, então residindo no país: "Eu conhecia toda a carreira dela. Tomamos vinho, recordamos suas colegas de palco e seus grandes amores do passado e tiramos muitas fotos fazendo poses de vedetes. Emocionante!".

"Nessa temporada, eu saía às duas horas da manhã para fazer o meu show. A cidade lotada! Às cinco, quando eu saía do Finalmente Club, não tinha mais ninguém. Só cigarros e copos de plástico espalhados pelo chão.", recorda, "Então dormia... Um frio! E eu com cinco ou seis cobertores... Quando acordava, às duas da tarde, e saía para tomar meu café, surpresa: não havia sujeira alguma na rua... Parecia que não tinha acontecido nada!".

Conhecer a produtora cultural Lulu Librandi - de quem foi amiga por décadas - foi marcante para Valéria: "Uma mulher que ficou gravada para sempre na minha memória, na minha vida. Muito envolvida com política e cultura, boêmia, alegre... Inesquecível!".
Além de tudo isso, foi Lulu que apresentou a ela um de seus melhores amigos: o publicitário Ruy Nogueira.
O encontro aconteceu em um show de Valéria em São Paulo. Depois disso, eles se cruzavam frequentemente em eventos e festas - não apenas na capital paulista, mas também na Bahia e no Uruguai.
Por fim, em uma das passagens da artista por São Paulo, Ruy a convidou para se hospedar em seu apartamento no bairro de Higienópolis. Isso voltaria a acontecer inúmeras vezes e, com o passar dos anos, ele se tornou um irmão para Valéria.

"Ruy é uma pessoa rara. Muito generoso e amigo - não apenas comigo, mas com todo mundo.", comenta Valéria, "Comunicativo, viajado, informado... Lê muito... Sabe falar sobre política, arte, personalidades e também a respeito dos assuntos mais simples. Você pode falar de tudo com ele e eu gosto de pessoas assim: com quem eu aprendo.".

As festas e reuniões sociais promovidas por Ruy quando Valéria está hospedada em seu apartamento se tornaram antológicas na noite paulistana.
Nelas, artistas, intelectuais e pessoas interessantes em geral se encontram para confraternizar e celebrar a arte, o prazer, a boa comida e a boa bebida.
O próprio ambiente do apartamento de Ruy - repleto de obras de arte e referências estéticas - já garante a atmosfera onírica dessas noitadas, que deixam em seus participantes memórias que parecem de sonhos.

Ruy Nogueira
Um amigo, um irmão

Valéria e Edy Star

Divina Nubia, Valéria, Jorge Brandon, Ruy, Ovadia Saadia, Eloína e Biá

Valéria e Elisinha

Eloína, Renato Fernandes, Valéria, Divina Nubia e os Albertos

Ruy, Edy Star, Valéria, Milton Faria, Perla Nahum, Antônio Bivar e os Albertos

Eloína, Valéria e Vania Toledo

Reynaldo Gonzaga e Valéria

Cíntia Bittar, Leo Tabosa, Milton Faria, Valéria, Edy Star, Gabriel Kwak e Perla Nahum

Valéria e Eduardo Cabús

Alberto Camarero, Pedro Paulo de Sena Madureira e Gabriel Kwak

Sétima Arte

No início de 2019, Valéria ainda estava na Europa quando, no Brasil, começaram a circular rumores de que ela gravaria um filme no Congo.
Ruy Nogueira se encarregou de espalhar o boato.

no tapete vermelho de Gramado

Antes de ir ao Congo, Valéria faria uma rápida passagem pela capital paulista e receberia alguns convidados especiais em um jantar no apartamento de Ruy.
No dia da festa, depois de muitas taças de vinho, a artista finalmente se manifestou: participaria sim de uma gravação no Congo – mas não na África e sim na cidade paraibana homônima.

Ainda em Portugal, através de Natara Ney, a montadora de "Divinas Divas", Valéria recebera o convite do cineasta pernambucano Leo Tabosa para participar de seu curta-metragem "Marie", protagonizado por Rômulo Braga e Wallie Ruy.
Leo procurava uma atriz travesti ou transexual para interpretar Alcina, a tia cisgênero da personagem trans Marie, interpretada por Wallie.

com o diretor Leo Tab

"Lendo o roteiro e entendendo o perfil da minha personagem, uma mulher do sertão do Nordeste decidi enviar uma foto minha sem peruca para Leo.", conta Valéria, "Meus cabelos naturais estavam crescendo brancos e ele aprovou o visual. Então deixei sem cortar nem pintar por uns dois meses e já cheguei no Brasil com a cara da personagem.".
Para ela, foi um grande desafio: "Uma experiência única, pois foi a primeira vez que apareci totalmente despersonificada da Divina Valéria.".

"Marie" rendeu à equipe vários prêmios. No Festival de Gramado daquele ano, por exemplo, Valéria levou um Kikito na categoria Prêmio Especial do Júri na Mostra Competitiva de curtas.

como Alcina

com Wallie Ruy e Rômulo Bra

A partir de então, as portas da Sétima Arte estavam definitivamente abertas para Valéria.

Ainda em 2019, novamente em Portugal, convidada como atração especial em um evento em homenagem ao cantor Ney Matogrosso realizado no Finalmente Club e contratada para mais uma temporada na casa, ela recebeu um novo convite cinematográfico.

Dessa vez, o cineasta René Guerra estava montando um elenco quase todo composto por artistas transgêneros e desejava criar uma personagem especialmente para Valéria, baseada nela mesma.

A atriz e performer Divina Nubia – grande amiga de Valéria e presença constante nos filmes de René, assim como Phedra de Córdoba – fez a ponte entre os dois.

Diretor de curtas marcantes na abordagem de temas queer, René tinha como projeto da vez o longa-metragem "Lili e as Libélulas".

No decorrer das filmagens, porém, a personagem de Valéria foi alterada e ela interpretou Teodora, a síndica de um prédio no qual moram várias personagens da trama.

como Teodora

Em janeiro de 2020, em nova incursão pelo cinema, Valéria gravou sua participação no longa-metragem "A senhora que morreu no trailer", dirigido pela dupla Os Albertos (Alberto Camarero e Alberto de Oliveira).

Na gravação desse filme, ela viveu uma experiência inédita em sua trajetória artística: contracenou com uma jiboia.

"A senhora que morreu no trailer" focaliza a faquiresa e encantadora de serpentes brasileira Suzy King e traz um grande elenco de atrizes que interpretam facetas da artista, falecida em 1985 nos Estados Unidos – além de Valéria: Helena Ignez, Márcia Dailyn, Julia Katharine, Zilda Mayo, Maura Ferreira, Regina Müller e outras.

Valéria gravou sua participação no antigo Hotel Irradiação, no centro de São Paulo, relembrando uma passagem da vida de Suzy King em 1956, ocasião na qual uma de suas cobras desapareceu no local, causando grande tumulto.

Até então, o mais próximo que Valéria tinha chegado de uma serpente tinha sido em sua breve convivência com a vedete Luz del Fuego em 1965. Na época, Luz estava em cartaz no Teatro Rival em seu último espetáculo, a revista "Boas em liquidação", de cujo elenco também fazia parte Eloína.

com a jiboia Suzy King

"Cheguei a levá-la – com as cobras – para tomar a barca para Paquetá na Praça XV.", relembra Valéria.

Uma verdadeira coroação!

Foto: Bruno Galvincio

Divina Nubia, Eloína, Jane Di Castro, Valéria e Márcia Dailyn

Em janeiro de 2020, a Secretaria Municipal de Cultura de São Paulo promoveu o Festival Verão Sem Censura.

Ao longo de quinze dias, o público paulista teve acesso a peças de teatro, filmes, debates, shows, exposições e performances celebrando a democracia e a liberdade de expressão.

Em um momento político de grande retrocesso e repressão em relação às questões comportamentais e culturais – situação agravada com a instauração de uma ideologia de extrema direita no governo brasileiro – o Festival Verão Sem Censura era um respiro da arte e uma manifestação de resistência.

O projeto foi realizado em diversas regiões da cidade, inclusive no imponente Theatro Municipal - em cujo palco, como parte dessa programação, o elenco de "Divinas Divas" foi convidado para se apresentar.

Com direção de Robson Catalunha e visagismo de Walério Araújo, Valéria, Jane Di Castro, Eloína, Camille K, Divina Nubia e Márcia Dailyn criaram números especiais para a noite de 29 de janeiro de 2020.

A entrada era franca e já no início da tarde uma imensa fila se formou, circundando o Municipal.

Com o teatro lotado, as Divinas Divas e suas convidadas viveram um dos pontos altos de suas trajetórias.

"Foi um momento grandioso na minha carreira.
Um reconhecimento por todos esses anos de trabalho e pela nossa luta, nossa resistência, nossa arte.
O público aplaudiu de pé no final!
Uma verdadeira coroação!"

Um tempo de reflexão

Ainda sob o impacto da apresentação no Theatro Municipal, Valéria embarcou para a Bahia, onde tinha alguns shows agendados, no dia seguinte.
Na sequência, rumou para o Rio de Janeiro especialmente para gravar uma música para a trilha sonora de um filme de Natara Ney, "Espero que esta te encontre, e que estejas bem".
Enquanto isso, combinava com o diretor e dramaturgo Elisio Lopes Jr. os detalhes de seu novo espetáculo, "Damas de Fogo", a ser estrelado por ela.

Foi quando a pandemia do novo coronavírus se intensificou no Brasil.
Muitos projetos culturais foram engavetados, adiados ou se transformaram em eventos virtuais.
Valéria estava hospedada na casa de sua irmã Carmem na Pavuna quando foi decretado que qualquer locomoção era um fator de grande risco e exposição ao vírus.
Habituada a uma vida social intensa e nômade desde que deixara o lar materno, essa foi a primeira vez que Valéria teve a oportunidade – mesmo que forçada – de permanecer por um longo período desfrutando da convivência familiar – de alguma forma, uma volta às suas origens.

Uma pausa, um descanso, um tempo de reflexão.

com Carmem

Queridos leitores,

Aí está um pouco da minha vida.
Se não foi melhor, eu fui a única culpada - por vaidades desnecessárias, falta de experiência e por não ter um agente ou produtor para administrar tudo isso.
A compensação foi ter vivido intensamente uma vida de cinema que Deus escolheu para mim.
Apesar de tudo, mudaria muitas coisas ou faria de forma diferente. E, nesse caso, não concordo com Piaf, pois eu me arrependo de escolhas e atitudes que poderiam ter sido melhores.
Ainda assim, vivendo no mundo de hoje, me sinto uma privilegiada e só agradeço a Deus por estar viva e chegar aos 76 anos de idade depois de viver em um mundo no qual tudo era alegria, luxo e glamour e as pessoas eram felizes.
Neste livro, vocês puderam conhecer um pouco de mim e da minha caminhada pelo mundo - e, muitas vezes, nem me lembro de cidades nas quais trabalhei ou que conheci; fatos que só me vêm à memória quando vejo algum filme que me leva de volta a esses lugares.
Até eu mesma fico pensando - como tive tempo para fazer tanta coisa?
A resposta é simples: me dedicar ao meu trabalho e à minha carreira sempre foi prioridade para mim.
Vocês - público, fãs e amigos - são toda a recompensa da minha vida, que busquei viver da melhor maneira que aprendi.

Divina Valéria
Rio de Janeiro, 2020

Acervos consultados

Acervo Cezar Sepúlveda
Acervo Divina Valéria
Acervo Graciela Guffanti
Acervo Suzy Parker e Yeda Brown
Arquivo Nacional, Rio de Janeiro, RJ
Arquivo Público do Estado de São Paulo, São Paulo, SP
Biblioteca Nacional do Brasil, Rio de Janeiro, RJ
Centro de Documentação da Funarte, Rio de Janeiro, RJ
Folha de São Paulo, São Paulo, SP
Museu da Imagem e do Som do Rio de Janeiro, Rio de Janeiro, RJ
O Estado de São Paulo, São Paulo, SP
O Globo, Rio de Janeiro, RJ
Transas City, transascity.org

Várias fotografias que fazem parte deste livro são de autoria da fotógrafa Graciela Guffanti, que gentilmente as cedeu para esta publicação.

Não foi possível descobrir a autoria de todas as fotografias que integram este livro. Se alguém identificar o autor de alguma imagem, entre em contato com os autores para que seu nome possa constar nas próximas edições.

Agradecimentos

Aninha Franco, Bruno Galvincio, Carmem Fernandez Gonzalez, Célia Camarero, Cezar Sepúlveda, Ciro Barcelos, Claudio Tovar, Dino Brasil, Divina Nubia, Eduardo Cabús, Edy Star, Elisabete Fernandez, Eloína, Eloína Ferraz, Fernando Noy, Gonzalo Perrone, Graciela Guffanti, Jane Di Castro, João Carlos Rodrigues, João Roberto Kelly, Leandra Leal, Leo Tabosa, Leonardo Troiano, Levina Ferraz, Luiz Morando, Márcia Andrade, Milton Faria, Miss Biá, Natara Ney, Ovadia Saadia, Perla Nahum, Renato Fernandes, Rita Assemary, Rodrigo Faour, Ruddy Pinho, Ruy Nogueira, Sora Maia, Suzy Parker, Thiago de Menezes, Thiago Marques Luiz, Watusi, Yeda Brown e tanta gente bacana que contribuiu com este livro de alguma forma.